跆拳道训练理论与实践研究

杨小芳 著

北京工业大学出版社

图书在版编目（CIP）数据

跆拳道训练理论与实践研究 / 杨小芳著. —北京：北京工业大学出版社，2025.7 重印
ISBN 978-7-5639-7075-9

Ⅰ. ①跆… Ⅱ. ①杨… Ⅲ. ①跆拳道－运动训练－研究 Ⅳ. ① G886.92

中国版本图书馆 CIP 数据核字（2019）第 237793 号

跆拳道训练理论与实践研究

著　　者：杨小芳
责任编辑：李　艳
封面设计：点墨轩阁
出版发行：北京工业大学出版社
　　　　　（北京市朝阳区平乐园 100 号　邮编：100124）
　　　　　010-67391722（传真）　　bgdcbs@sina.com
经销单位：全国各地新华书店
承印单位：三河市元兴印务有限公司
开　　本：710 毫米 ×1000 毫米　1/16
印　　张：13
字　　数：260 千字
版　　次：2021 年 10 月第 1 版
印　　次：2025 年 7 月第 4 次印刷
标准书号：ISBN 978-7-5639-7075-9
定　　价：45.00 元

版权所有　翻印必究

（如发现印装质量问题，请寄本社发行部调换 010-67391106）

前　言

跆拳道是世界知名的搏击运动，是现代奥运会的比赛项目之一。跆拳道是一项以脚为主、拳脚并用、发声扬威、以刚制刚的竞技运动。要想提高跆拳道技艺，就需要训练者具备高超的攻击技巧、战略技术，极强的身体素质以及较好的心理意识等。本书旨在探究跆拳道训练理论与实践方法，以提高训练者的跆拳道技艺。

本书第一章为绪论，主要阐述跆拳道的起源与发展、跆拳道的特点与作用、跆拳道训练的意义与影响、跆拳道 SWOT 分析；第二章为跆拳道训练的学科理论基础，主要阐述跆拳道训练的运动学基础、跆拳道训练的运动生理学基础以及跆拳道训练的运动心理学基础；第三章为跆拳道训练的科学原理与方法分析，主要阐述跆拳道训练的基本原理和主要原则、跆拳道一般训练方法以及跆拳道专项训练方法；第四章为跆拳道准备活动，主要阐述跆拳道准备活动的分类及意义、跆拳道的课前准备、跆拳道训练的热身准备活动、跆拳道竞赛的相关动作、跆拳道行进间准备活动、跆拳道教学活动；第五章为跆拳道心理训练，主要阐述跆拳道运动员的心理特征、跆拳道运动员心理训练的内容、赛前与赛后的心理调节方法、心理训练的方法、赛前常见心理障碍及其克服方法；第六章为跆拳道基本技术，主要阐述跆拳道的入门技术、跆拳道的进攻技术、跆拳道的防守技术、跆拳道组合技术；第七章为跆拳道基本战术，主要阐述跆拳道战术概述、跆拳道的比赛战术以及跆拳道战术的种类与运用；第八章为跆拳道的品势，主要阐述品势概述、品势比赛评价标准、太极一章、太极二章、太极三章；第九章为跆拳道表演技术，主要阐述跆拳道击破技术、跆拳道特技技术以及跆拳道（操）舞技术；第十章为跆拳道运动损伤的预防工作，主要阐述运动损伤的分类、跆拳道运动损伤产生的原因与预防以及跆拳道运动损伤的急救。

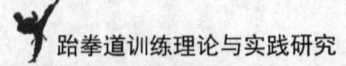

为了确保研究内容的丰富性和多样性，笔者在写作过程中参考了大量理论与研究文献，在此向涉及的专家学者表示衷心的感谢。最后，限于笔者水平，加之时间仓促，本书难免存在一些疏漏之处，在此，恳请读者朋友批评指正！

目 录

第一章 绪 论 ··· 1
第一节 跆拳道的起源与发展 ································ 1
第二节 跆拳道的特点与作用 ································ 6
第三节 跆拳道训练的意义与影响 ··························· 10
第四节 跆拳道 SWOT 分析 ································ 15

第二章 跆拳道训练的学科理论基础 ······················· 25
第一节 跆拳道训练的运动学基础 ·························· 25
第二节 跆拳道训练的运动生理学基础 ······················ 27
第三节 跆拳道训练的运动心理学基础 ······················ 38

第三章 跆拳道训练的科学原理与方法分析 ················ 45
第一节 跆拳道训练的基本原理和主要原则 ·················· 45
第二节 跆拳道一般训练方法 ······························· 61
第三节 跆拳道专项训练方法 ······························· 64

第四章 跆拳道准备活动 ··································· 71
第一节 跆拳道准备活动的分类及意义 ······················ 71
第二节 跆拳道的课前准备 ································· 72
第三节 跆拳道训练的热身准备活动 ························ 75
第四节 跆拳道竞赛的相关动作 ····························· 78
第五节 跆拳道行进间准备活动 ····························· 83
第六节 跆拳道教学活动 ··································· 85

第五章 跆拳道心理训练 ··································· 89
第一节 跆拳道运动员的心理特征 ·························· 89

第二节　跆拳道运动员心理训练的内容 …………………… 92
　　第三节　赛前与赛后的心理调节方法 …………………… 95
　　第四节　心理训练的方法 …………………………………… 97
　　第五节　赛前常见心理障碍及其克服方法 …………… 101

第六章　跆拳道基本技术 ……………………………………………… 103
　　第一节　跆拳道的入门技术 ……………………………… 103
　　第二节　跆拳道的进攻技术 ……………………………… 113
　　第三节　跆拳道的防守技术 ……………………………… 116
　　第四节　跆拳道组合技术 ………………………………… 118

第七章　跆拳道基本战术 ……………………………………………… 129
　　第一节　跆拳道战术概述 ………………………………… 129
　　第二节　跆拳道的比赛战术 ……………………………… 134
　　第三节　跆拳道战术的种类与运用 ……………………… 141

第八章　跆拳道的品势 ………………………………………………… 149
　　第一节　品势概述 ………………………………………… 149
　　第二节　品势比赛评价标准 ……………………………… 157
　　第三节　太极一章 ………………………………………… 158
　　第四节　太极二章 ………………………………………… 159
　　第五节　太极三章 ………………………………………… 161

第九章　跆拳道表演技术 ……………………………………………… 163
　　第一节　跆拳道击破技术 ………………………………… 163
　　第二节　跆拳道特技技术 ………………………………… 167
　　第三节　跆拳道（操）舞技术 …………………………… 175

第十章　跆拳道运动损伤的预防工作 ………………………………… 179
　　第一节　运动损伤的分类 ………………………………… 179
　　第二节　跆拳道运动损伤产生的原因与预防 …………… 180
　　第三节　跆拳道运动损伤的急救 ………………………… 187

参考文献 ………………………………………………………………… 193

第一章 绪 论

跆拳道是一项兼具健身性和竞技性的搏击类运动项目,在国际上有着"世界第一搏击运动"之称。这项运动历史悠久,发展迅速,并于 2000 年正式成为奥运会的比赛项目,如今在中国已受到了众多跆拳道爱好者的支持。本章将针对跆拳道的背景知识进行简单的介绍和分析。本章分为跆拳道的起源与发展、跆拳道的特点与作用、跆拳道训练的意义与影响、跆拳道 SWOT 分析四部分。

第一节 跆拳道的起源与发展

一、跆拳道的起源

跆拳道的起源最早应追溯到原始社会,当时的人们处于一个非常危险的环境,不仅会随时受到猛兽的攻击,还需要与自然环境进行对抗,人们所进行的一切活动都是为了满足生存的需要。久而久之,人们开始意识到要想与外部困难相抗争,不仅需要团结起来共同防卫,还需要让自己练就一身强大的体魄能够自保。除此之外,人类原始部落不断壮大,部落间为了争抢地盘和自然资源开始互相竞争,甚至发起战争,促进了人们的生产技能向军事技能的转化。人们为了赢得战争的胜利,在搏斗过程中不仅创造了器械的击刺活动,还积累了越来越多的搏斗技能,这些搏斗技能经过不断地筛选和提炼,最终发展形成了搏斗的技巧和较为规范的动作,这些都为跆拳道的产生奠定了基础。

跆拳道发源于古代朝鲜社会,奴隶与氏族之间的战争激发了人们的战斗技能,促使军事格斗技能逐渐成了独立化、专门化的技术领域,这是跆拳道产生的原因之一。除此之外,跆拳道的产生还与朝鲜半岛的社会文化活动有着密切的关联。众所周知,宗教祭祀、教育娱乐活动在古代社会中占有非常重要的地位,人们将心中美好的愿望寄托在这些精神活动中,使之成为神圣不可侵犯的信仰，而古代朝鲜人民对于巫术和图腾的崇拜常常凭借原始的武舞来体现。武舞的本质是一种舞蹈活动，它在舞蹈中融合了武力的概念使之成为一种可以体现表演者武艺的项目。当时武艺的发展正处于萌芽时期，武艺与武舞的结合受到了人们的热烈追捧，越来越多的人开始练习武艺，原始的武艺日益完善，为后来跆拳道的产生和发展奠定了坚实的基础。

二、跆拳道的发展

（一）朝鲜三国时期

公元1世纪至公元668年，古代朝鲜处于朝鲜三国时期，高句丽、百济、新罗三国先后兴起，高句丽在朝鲜半岛北部，新罗在东南，百济在西南，形成三国鼎立的局势。这一时期，三国都已进入封建社会，文化和经济都有相当大的发展，也正是跆拳道于战乱中同步发展的时期。

1. 高句丽

高句丽在朝鲜半岛西、北部的鸭绿江红河谷，北与中国接壤，南与百济、新罗相连。建国于公元前37年，公元668年被新罗以武力征服，执政631年。跆拳道在高句丽享有很高的地位，这可以从后来的考古中发现，在平安南道江西郡药水里古墓中，角抵冢、舞蹈冢以及三室冢的玄室壁画就能够反映出跆拳道在当时已经相当盛行。由于当时朝局不定，连年战乱，为了应付这些不可避免的战争，战士们自然就把跆拳道作为一门必修科目，进行严格的训练。从大量出现在壁画中的跆拳道雏形来看，可知早在近两千年前高句丽人民就较广泛地开展这项运动了，并可由此推测出跆拳道的思想源流，已在那时的人们心中深深扎根了。

2. 百济

百济在朝鲜半岛的西南部，建国于公元前38年，公元660年被新罗征服，执政622年。百济和高句丽人一样，喜欢骑马、射箭和跆跟，是三国中实力最弱的国家。由于军队比较弱，因此百济王朝很重视和推崇武艺，以使其拥有真正有战斗力的军队。

在百济史中，由于其是最早被灭亡的国家，因此关于跆拳道武艺的文字或其他形式记载的资料要少于高句丽和新罗，但是从跆拳道在朝鲜三国时期的流行程度来看，不能断定百济没有盛兴过这一运动。从现存的一些资料中，我们仍然可以发现一些百济时期关于跆拳道的记录。例如，在记录中介绍了一种类似跆拳道的便战戏，这是一种传统的竞技活动，人们被分成两组，通过运用格斗技术竞赛，并裁决最后的胜负。因此，我们推测这种便战戏就是今天跆拳道的最早雏形。

3. 新罗

新罗在朝鲜半岛东南部的庆洲平原上，建国于公元前57年，亡于935年，执政861年。新罗起初是一个较小的国家，但一直没有屈服于别的国家，直到朝鲜统一。由于新罗国力弱小，其统治者为了维护本国的安定，一边避免与另外两国的冲突，一边励精图治，提升本国实力，并加强了军队建设和对民众武艺的训练，特别是在真兴王37年（576年）新罗创立了"花郎制度"。

"花郎道"主要是由当时封建贵族子弟中品貌端庄者组成的准武士团体，通过举行马术、跆跟、射箭、狩猎等比赛以及典籍、学识的考试来选拔，优秀者方能入选。"花郎制度"旨在培养能够为封建统治阶级服务的文武兼备的官吏。"花郎制度"的推广为新罗的繁荣和跆拳道的长足发展奠定了基础，成为新罗逐渐繁荣的强大动力和保证。

（二）高丽时期

公元918年英勇善战的泰封国大臣王建发动政变，颠覆泰封国，建立了新的王朝——高丽，后又于935年统一朝鲜半岛，1392年高丽灭亡。高丽和李朝前期是朝鲜半岛封建社会的全盛时期。

在高丽王朝时期，手搏这一运动受到了朝廷官员和百姓的欢迎，这其中还涉及一场著名的叛乱事件——"郑仲夫之乱"。当时在高丽11代文宗王至高丽18代毅宗王之间，朝廷重文轻武，引起许多武官的不满，最终群起叛乱。而当时作为前锋的士兵就是由将军郑仲夫及李义旼所率领的优秀跆拳道武士。

（三）李朝时代

跆拳道经过高句丽、新罗、百济至高丽这一千多年的流传，到了李朝时代才真正地生根成长，并得到了科学的证实。而朝鲜一直以来都被认为是跆拳道的宗主国，并引以为豪。李朝正祖十四年（1790年）编撰而成的《武艺图谱通志》更是成为跆拳道的代表作，里面详细介绍了跆拳道的发展历史和拳法武器等内容。

李朝时期，要想证明一个人的武力水平高，都选择用跆拳道的输赢来决定。一个人若想以武科出身做官，必须用跆拳道打败三人以上才具备资格；而村落之间要想争夺一块地方，也通常会用跆拳道的方式一决高低。由此看来，无论是王室还是民间，跆拳道在人民心中的地位都非常高。但是到了李氏王朝末期，由于政治和党派斗争加剧，跆拳道逐渐脱离了王室和贵族，成为民间普遍的搏击活动。

（四）近代跆拳道运动

到了近代，日本帝国主义大肆侵略朝鲜，李朝灭亡，朝鲜逐渐沦为日本的殖民地。为了禁锢消磨人民的思想和意志，日本殖民政府下令禁止了朝鲜所有的文化活动，其中就包括跆拳道运动。至此，跆拳道从最初的军队日常训练项目一步一步沦落成在民间都需要秘密修炼的活动。尽管这样，仍有部分跆拳道爱好者通过各种途径将跆拳道输出国外，继续练习花郎道等技击术。后来，中日甲午战争爆发，日本的"空手道"传入朝鲜境内，与"花郎道"相互融合，形成了"韩式空手道"，这种武术也被朝鲜人称为"跆拳"。

（五）现代跆拳道运动

现代跆拳道兴起于第二次世界大战后，当时日本战败，朝鲜重新获得独立，跆拳道再次被人们拾起。当时由于跆拳道流落到国外后，产生了众多派系，并有各种各样的名称，十分混乱，为了加强对这一武艺的管理，现代跆拳道及其组织诞生。

现代跆拳道的主要代表人物有三人，分别是崔泓熙、李仲佑、蔡天命。他们三人经过十余年的不断探索和研究，将朝鲜自卫术、日本空手道和中华武术进行了结合和创新，最终形成一套新的武艺形式——托肩（译名），也就是今天的跆拳道。说起跆拳道的名字，最初并非这样称呼它，而是称作跆拳，但是为了更好地传播这一运动，后又为其注入了东方武道文化和哲学思想，表明它是一种外练技击格斗与内练精神气质相结合的武道，韩国众多知名人士建议将其改名为"跆拳道"，1955年，实现了名称上的统一。

1959年，韩国成立大韩跆手道协会（后更名为大韩跆拳道协会）。

1961年，朝鲜成立唐手道协会（后更名为跆拳道协会）。

1962年，跆拳道列为朝鲜全国运动会正式比赛项目。

1965年，跆拳道列为韩国全国体育大会正式竞赛项目。

1966年，国际跆拳道联合会成立，这也是第一个国际性的跆拳道组织。

1973年，世界跆拳道联盟成立，并于1980年被国际奥委会承认。

2000年，跆拳道列为奥运会正式比赛项目。

图 1-1　国际跆拳道联盟标志（左）和世界跆拳道联盟标志（右）

目前，国际性的跆拳道组织共有两个，分别为国际跆拳道联盟（ITF）和世界跆拳道联盟（WTF）（如图 1-1 所示）。这两大国际组织的不同之处在于对跆拳道技术风格的界定，前者更注重跆拳道的表演性和技巧性，动作程式化较高，风格方面较为单一；而后者注重跆拳道的实战性和搏击性，动作灵活多变，风格迥异。除此之外，后者也可以看成如今的竞技跆拳道。

三、中国跆拳道的发展

（一）跆拳道在中国的引进

跆拳道在中国的引进要从中韩两国的体育文化交流开始算起。20 世纪 80 年代，跆拳道创始人崔泓熙认为，中国是传播跆拳道运动的重要国家之一，非常重视跆拳道在中国的普及事业。为此，他曾多次带领跆拳道代表团对中国进行访问，并且安排了多场跆拳道表演。经过他的不懈努力，中国逐渐注意到这项运动，并随后形成一股运动潮流，在全国范围内流行，中国政府也给予了积极肯定。至此，跆拳道的种子开始在中国这片土壤上生根发芽。

（二）跆拳道在中国的发展

1992 年，中国正式成立跆拳道协会筹备小组，我国正式开始开展跆拳道运动。

1995 年，中国跆拳道协会成立，并于同年被世界跆拳道联盟接纳为正式成员。

1998年，中国选手贺璐敏在第十三届亚洲跆拳道锦标赛中赢得一枚金牌，实现我国在正式国际比赛中金牌零的突破。

1999年，中国选手王朔在世界跆拳道锦标赛中获得女子55公斤级冠军，这是我国运动员获得的第一个跆拳道世界冠军。

2000年，中国选手陈忠在第27届奥运会中获得女子67公斤级冠军，为我国获得了历史上的首枚跆拳道奥运会金牌。

此后，中国跆拳道代表团开始在世界上崭露头角，获得越来越多的国际大赛奖牌，成为世界跆拳道大家庭中的重要角色。

尽管我国的跆拳道运动开展时间较晚，基础较薄弱，但是在中国众多运动员、教练员以及科研人员的不懈努力下，中国跆拳道的实力水平快速提升，与世界顶尖跆拳道运动水平的差距正在不断缩小。除此之外，中国跆拳道进入了一个体育化、制度化、规范化的发展阶段，我们应努力将中华武术与跆拳道进行有机结合，分析跆拳道的优劣势，取其精华、去其糟粕，在训练技巧、理论水平、实战经验等方面实现质的飞跃，并不断完善训练体系，使之成为具有中国特色的跆拳道运动。

第二节 跆拳道的特点与作用

一、跆拳道的特点

（一）以腿法运用为主

在跆拳道中，大部分的攻击主要依靠腿法来实现，当然人体的一些主要关节也可作为攻击或防御对手的武器，如拳、掌、肘、肩、膝、头等，但腿法技术所占比例是整体运用的80%。这是由于在人体中，腿占有长度和力量上的优势，攻击范围广，步伐变幻灵活，攻击力强。除此之外，在跆拳道比赛中只允许使用一种拳法进攻，不仅得分率低，难度也较大，从另一种角度来看，更提高了运动员使用腿法的频率，形成跆拳道运动中以腿法运用为主的鲜明特点。

在跆拳道运动中，光是腿法的运用技术就多达十几种，并且每一种都能变化出其他不同的形式，因此在实际比赛中，运动员最主要的得分手段与方法就是腿法，只要掌握扎实的腿法基本功，可以很好地完成攻击和防御措施。

（二）进攻直接迅猛

跆拳道运动以攻击直接、迅猛的特点著称，很少有人采用躲闪等防守战术，这是因为比赛时，双方运动员如果长时间未采取进攻措施，会被裁判警告。跆拳道的进攻一般分为两种方式：直接进攻和间接进攻，其中直接进攻又包括强攻、抢攻和连续进攻三种类型，每种进攻都需要运动员直接、快速地完成动作，在最短的时间内提高击打的实效性。对于反击型选手来说，间接进攻则是最好的选择。由于跆拳道更多采用的是脚法攻击，在攻击力度上会比较大，运动员通常会选择用手臂或手掌防守。

（三）借助非生命体测试功力

跆拳道运动与其他运动对比，存在很多不同之处，其中一点就是它是借助非生命体来进行功力测试的。一名跆拳道运动员如果受到过专业系统的训练，他的攻击力不容小觑，稍有不慎就会带来危险，这也就是跆拳道一直选用木板或砖瓦等物体作为实验对象而非人体的原因。

（四）通过发声提高击打效果

通常跆拳道选手在比赛过程中，都会在招式发出之前进行洪亮的发声行为。采取这种做法最主要的原因就是选手希望通过发生来增强自己的气势，以此提高击打效果。练习者无论是进行跆拳道品势练习还是参加比赛或训练，都应保持一个强大的气场，这样才能给对手以威慑力，给对手造成很大的压力，直至突破对手的心理防线。在比赛前，选手通过发声，可以提高比赛斗志和信心，增强自身的爆发力和杀伤力，并在一定程度上提高击打效果，得到裁判认可，获得较高的分数。

（五）兼修身体与心智

跆拳道运动的名字中之所以包含一个"道"字，就代表着这项运动不仅仅是一项简单的尚武运动，更是一种外练技击格斗与内练精神气质相结合的武道，强调的是内外兼修与身心合一。练习跆拳道，不仅是练习跆拳道中的各种脚法技术，还要修习这项运动中所体现出的礼义廉耻、忍耐克己以及百折不挠的精神，也只有深刻领悟了这些精神，才能准确将其反映在跆拳道的一招一式中。

（六）具有良好的礼仪习惯

跆拳道是一项"礼始礼终"的运动，"礼"作为跆拳道重要的训练内容贯穿这项运动的整个过程。所谓礼始，就是无论在练习开始前还是在比赛开始前，双方都要先互相行礼，以示尊重；所谓礼终，就是无论比赛结果如何，都需要在比赛结束后再次相互行礼，以体现谦虚、友好、忍让的良好作风。除此之外，行礼还代表了对队友、师长等人的尊敬与感激之情。

（七）技术体系完善

跆拳道在发展过程中，不但保留了传统跆拳道技击术，而且还将其他国家的技击术与跆拳道融为一体，不断充实和完善自身的发展。推广中，技术上以踢法为主，严格控制拳法的击头动作，坚决禁止摔法的运用，主张以踢法为项目未来的发展方向。

高水平跆拳道比赛中所展现出来的强悍——攻防的转化、高超的技艺、拼搏的精神、斗智斗勇的意识，以及在赛事组织和包装等方面体现出来的浓郁的武道文化元素，不仅给人们带去强烈的视觉冲击，还带给人们情感的震撼和美的享受。安全是跆拳道竞技比赛的指导思想，在实际的训练和比赛中，严格惩罚运动员违规动作的使用行为，在这种完善的竞赛规则指导下，运动员不但能充分发挥技术水平，而且伤害事故又少，体现了当今体育运动的宗旨。也正因为如此跆拳道进入奥运会大家庭后，很快被世人所认可，成为世界上最受欢迎的搏击类体育运动项目之一。

二、跆拳道的作用

（一）增强体质

跆拳道运动在比赛和平时训练中要经常临场变换技、战术，或是快速进攻，或是主动后撤再反击，或是腾空劈腿，或是后踢接后旋踢，跆拳道运动客观上对人的速度、力量、柔韧、灵敏、距离等方面具有较高要求。参与跆拳道运动对促进人的生理健康表现在，能够改善心血管系统、呼吸系统、消化系统、神经中枢系统等多方面的功能。例如，在跆拳道运动中运动员的心率每分钟为180～200次，最高心率可以达到200次，呼吸频率每分钟为50～60次。

在跆拳道比赛和训练中，不仅需要斗技、斗智、斗勇，还需要充沛的体能和顽强的意志品质，运动员要根据场上瞬息万变的情况做出相应的反应，这就要求运动员必须具有很强的灵活性和极快的肌肉反应速度。此外，进行跆拳道训练时，血液循环加速，以满足肌肉活动消耗能量的需要，这就从结构和功能上使心血管系统得以改善。因此，经常参加跆拳道运动对于改善人的心血管系统、呼吸系统、消化系统、神经中枢系统等的功能具有很好的作用,让运动者在参与活动过程中增强自己的体质。

(二) 健体防身

跆拳道运动具有很强的对抗性,它不仅紧张激烈,对于人的力量、速度、耐力、灵敏和柔韧等身体素质的提高还具有积极作用,能够提高人体内脏器官的机能,尤其是能够促使神经系统的灵活性得到明显提高。人们通过跆拳道的攻防训练,可以对一定的格斗技术进行学习和掌握,从而达到自卫防身的目的。

(三) 磨炼意志

长期的竞技跆拳道训练单调、枯燥,还时常伴随着伤痛和失败,另外,在长期的艰苦训练和公平竞争中,运动员要做到胜不骄、败不馁,兢兢业业,树立起坚定的信念去追求人生的理想。因此,跆拳道修炼过程就是对人的意志品质和心理承受能力培养的过程。

(四) 修身养性

跆拳道运动不仅推崇"以礼始、以礼终"的尚武精神,还将"礼义廉耻,忍耐克己,百折不屈"作为自身的宗旨。

跆拳道运动能够对人进行锤炼,有助于培养人的坚毅、果断顽强的精神,使人摒弃懦弱、软弱,从而培养良好的意志品质。同时,也能够促使人养成仁爱、谦虚、宽容、礼让的美德以及高尚的爱国主义情操。所以说,跆拳道在对人的品行和人格的培养方面具有非常大的作用。

(五) 观赏娱乐

跆拳道是一项具有很强对抗性的运动形式,参与跆拳道比赛的双方运动员除了要斗勇之外,还更加侧重于较量技能和斗智,特别是跆拳道腿法高超精妙,具有很好的观赏价值。

人们在观看跆拳道比赛时,可以欣赏到一种击打艺术的美,这同时能够有效激发人们的斗志,鼓励人们奋发向上,在欢声笑语中陶冶人们的高尚情操。

第三节　跆拳道训练的意义与影响

一、跆拳道训练的意义

跆拳道的训练可以分为四个时期，分别是萌芽期、发展期、成熟期和升华期，每一时期的训练对练习者来说都有着不用的影响意义，下面进行详细的介绍。

（一）萌芽期

萌芽期指的是接触跆拳道的初始时期，在这一时期，人们选择练习跆拳道的初衷大都是对跆拳道产生了浓烈的兴趣，被跆拳道利落、帅气的动作所吸引。因此，在练习时通常会更加的积极主动，自信心也较强。

处于萌芽期的训练者所表现出来的主要特点为争强好胜，得失心较重。遇到实力强悍的对手时，更能激发他的自尊心和好胜心，使感性胜过理性，同时也暴露出礼仪上的不足。跆拳道是一项非常重视内外兼修的运动，对礼仪规范等要求更是严格，因此初学者经过一段时间的训练后，会逐渐转变这种心态，懂得更加谦让和礼貌，对待比自己能力强的人不嫉妒，对待比自己能力弱的人不轻视，学会保持一颗平常心，平等待人。

（二）发展期

处于发展期的训练者在对跆拳道有初步了解之后开始了跆拳道的正式学习，这一时期，人们最初的学习热情逐渐趋于平静，开始了对运动的不断摸索和思考。因此，在练习时更加注重技术理论的学习和经验的积累。

处于发展期的训练者所表现出来的主要特点为理性大于感性，懂得控制情绪。跆拳道运动的含义并不是简单地进行对输赢的争夺，而是在不断提升自我的过程中修炼身心。此时，训练者练习跆拳道的目标发生了更深层次的变化，从追求华丽的技术到追求自我品格的提升。通过对跆拳道的学习，训练者学会了用认真负责的态度对待比赛，用谦逊隐忍的作风尊重对手，用刻苦勤奋的行动提升自我，创造一个和谐融洽的训练环境更有利于理论和技能的学习。

（三）成熟期

成熟期是训练者完成一定训练进程后所进入的阶段，在这一时期，训练者通常会出现一个瓶颈期，时常陷入对自我的怀疑和否定中，而如果训练者不能及时调整自己的状态，有可能会在这一阶段中断训练，放弃练习。

处于成熟期的训练者所表现出来的主要特点为产生自我怀疑和情绪不定。

造成这一现象的原因可能是训练者在发展期为了克服萌芽期的缺点，对自己的个性和行为过度限制。情绪不断受到压抑，达到一定界限就会爆发，对技能水平的提高产生了负面影响，使训练停滞不前。实际上，这些问题的产生都是正常的表现，这也是跆拳道运动修身养性的重要过程。此时，训练者最主要的就是调节好自己的心态，加强与队友、教练间的沟通，寻求专业帮助。另外，训练者还应掌握好克制自我与张扬个性之间的分寸，逐步调整好自我与他人之间的友谊，为修炼跆拳道精神和提高技术水平找到一个最佳切入点，从而达到成熟。

（四）升华期

领悟了跆拳道练习意义的三个方面，在学习跆拳道技术动作和专项理论的过程中，熟练掌握了技术，在理论的正确引导下达到了较高水平，即进入了升华期。进入升华期就达到了跆拳道演练的较高境界，训练不仅仅是在练"拳"，还要真正地悟"道"。

被国际誉为"世界第一腿上搏击术"的跆拳道运动始终推崇"以礼始，以礼终"的尚武精神，贯穿"礼义廉耻、忍耐克己、百折不屈"的宗旨，是一种以动为形，以形为合，以合为无，以无至道的体育运动。

学会品势或学会一个技术动作，即为"形"；在实践中成功运用一个技术动作，将许多因素组合在一起，如速度、力量、距离等，则为"合"；许多动作演练到非常熟练时，才发现常常最简单的动作最实用，不需要任何花架子，既为"无"；"道"的教育始终贯穿在训练中，跆拳道学习要真正做到不但技术水平高，而且在道德水平方面也要高，在强身健体的同时，更讲究感化人的心灵，从无至道需要用内心去体悟。

跆拳道既能培养人的志气、勇气和胆量；还能培养人的谦虚、淳朴的良好品质以及高尚情操，人们一旦拥有了这种品质，就会自觉地去克服自己的缺点，谦让别人，从而拥有与他人共同合作、友爱、团结的美德。

二、跆拳道训练的影响

（一）生理健康上的影响

1. 心血管系统

心血管系统属于人体八大系统中的血液循环系统，由心脏和血管组成，对人体的生存起着相当重要的作用。通过心血管系统，血液不仅能将氧气和营养物质送至各细胞,还能将细胞中产生的废物带走。经常参加跆拳道训练,可促使人体心血管系统的形态、功能、调节能力产生良性的转变,提高血液循环的质量以及改善人体心肺功能。

(1)提高血液循环质量

①血液总量增加。一般情况下,正常成年人的血液总量占体重的7%~8%,但是参加跆拳道训练的人由于血液中红细胞和血红蛋白含量增加,并且红细胞的携氧能力也有了一定的提升,因此,其血液总量较一般人更多,大约占体重的10%。

②保证血液的供给。跆拳道运动促使人血液的分配机能加快,人在承受较大生理负荷时血液可以在神经系统的帮助下释放脾、肝等器官中储存的血液。除此之外,跆拳道还能促进血管的收缩和舒张,在肌肉活动时,能够有足够的血液供给。

③促使血液的正常循环。人体血液在循环时可能会出现血管堵塞的情况,这是因为人们在食用了高脂肪、高胆固醇或高热量食物后,当脂肪、胆固醇无法被身体及时消耗时,就会沉积在血管中。如果经常参加跆拳道训练,人体内则会产生一种具有清理和打扫血管沉积物功能的高密度脂蛋白粒子(HDL2),促使血液能够正常地循环。

④预防心血管疾病。在跆拳道运动过程中,人体血管会加快收缩和舒张,从而会出现一系列的血管变化,如使血管壁的弹性增强、冠状动脉口加粗、毛细血管增多等,这些变化都有利于血管的软化,对心血管疾病的预防起到积极的作用。

(2)改善心肺功能

①心脏跳动增强。跆拳道训练过后,人体心率加快,之后心率减慢,有益心肌健康。

②心容量增加。通过跆拳道运动,人体内心肌纤维变粗、心腔扩充、心脏收缩能力增强,进而使心容量增加。将跆拳道选手与一般人相比,其心容量为后者的十倍之多,心肺功能大大增强。

2. 呼吸系统

呼吸系统通俗来讲就是将人体内部气体与外界空气进行交换的一系列器官的总称。人体活动的一切能量都需要体内营养物质的氧化,在这一过程中,氧气是必不可少的物质。因此,呼吸过程也是人体生命活动中不可或缺的一部分,呼吸系统是人体生命活动的重要标志。

（1）提高呼吸系统的水平

呼吸系统的机能水平包括呼吸频率、呼吸深度、肺活量等，而跆拳道运动可以影响人体呼吸系统的机能水平，使其水平上升，表现为呼吸频率减小、呼吸深度加大、肺活量提高等。

（2）促进呼吸器官结构的改变

呼吸器官对人体的呼吸功能有着直接的影响，如果在呼吸过程中，呼吸肌弹性更大，肺泡容量更大，则人的呼吸能力就更强。一般情况下，正常成年人的呼吸量为500毫升，呼吸频率为12～16次/分，但在经历大负荷的跆拳道练习后，人的呼吸量可达到2500毫升，呼吸频率也会增加到40～50次/分，为安静时呼吸的5倍，也就是说呼吸器官必定会发生一定的改变来满足机体活动的需要。

3. 神经系统

神经系统是控制人体各器官活动的重要系统，其发育成熟最早，控制调节能力最强，对器官活动影响最大。伴随着年龄的增长，神经系统在人体的八大系统中的地位逐渐显现出来，人的记忆力、分析力、想象力等各种思维能力不断发展，人的器官在神经系统的调控下也逐渐成熟，帮助人体适应外界环境的变化。

在跆拳道运动中，身体的协调能力、力度的掌握、方向感的形成都离不开神经系统的控制，可以说，参加跆拳道训练，有利于神经系统的发育。

（1）提高大脑皮层神经细胞的耐受性

决定大脑工作时间长短的是大脑皮层神经细胞的耐受能力，要想提高这一能力就需要让脑细胞得到更多的营养，增加大脑的血流量。我们从前面可知，经常参加跆拳道运动有利于促进人体血液的循环，使血液循环的速度加快，进而影响大脑功能，延长工作时间。

（2）提高神经系统的反应能力和灵活性

神经系统控制着人的运动神经，调节各器官与系统的功能，对跆拳道运动起着关键的作用，而跆拳道运动同样可以影响神经系统。跆拳道运动的比赛环境大都为开放式的场地，在比赛过程中，运动员会收到来自外界的各种刺激，这些刺激在潜移默化中锻炼了机体的应激能力，使神经系统的反应能力和调节能力都有了进一步的增强，运动员也能更加协调、灵活、准确地掌握和完成跆拳道动作。

（3）提高人体对环境的适应能力和免疫能力

跆拳道运动使人的身体机能得到提升，神经系统更能有效控制人体组织的各个部分，人体代谢能力增强，对外界环境有了更强的适应能力和免疫力。人对外界的免疫力决定着自身系统是否受到外界的影响和伤害，因此，多进行一些跆拳道的训练可以增强人的体质，保持身体健康。

（二）心理健康上的影响

1. 增强自信

跆拳道作为一种搏击格斗类的项目，在提高胆量和增强自信方面有很大的促进作用。运动员每一次出招前的发声，都是振奋人心的力量，帮助自己克服恐惧和紧张，以强大的气场压倒对手。除此之外，跆拳道又是非常典型的竞技运动，选手在比赛中需要对自己抱有足够的信心，只有这样才能更好地将自己的实际水平发挥出来，甚至实现超水平发挥。

2. 调节情绪

情绪是人的一种情感体验，它反映了人对于客观事物的态度，在人的身体活动中也起着非常重要的作用。对运动员来说，要想在比赛中取得较好的比赛成绩，不仅要有过硬的技术本领，还要保持一个平稳的情绪状态。好的情绪对人能起到帮助的作用，相反不良的情绪则会打乱人的整个状态，让人心神不宁。跆拳道运动是一种散发着激情和热血的运动项目，选手们要通过自己精湛的技术和饱满的情绪去赢得比赛，如果在运动的过程中不能将自己的情绪稳定好，消极对待或情绪失控，就很难把握动作的力度和准确性，甚至会导致严重的受伤后果。因此，学会更好地控制情绪也是每一位跆拳道选手必备的技能。

3. 磨炼意志

意志是一个人意识能动性的集中表现，拥有坚强的意志品质对每一个来说都是终身受益的收获。对于培养意志品质，参加跆拳道训练是一个很好的选择，同样，坚强的意志品质也有利于跆拳道的训练，二者相互成就，相互促进。跆拳道对于磨炼人意志品质方面的影响可以体现在以下三方面。

（1）满足各种动作技巧的需要

跆拳道运动相比于日常活动来讲，其身体各部位的紧张程度更高，尤其是腿部肌肉部分始终处于高强度状态，选手需要以这样的身体状态在不同情境和困难条件下，来完成高难度动作。如果没有一定的意志力做支撑，选手会很难克服身体上的不适，因此，意志力能够帮助选手完成各种动作技巧。

（2）克服各种不良影响

在跆拳道运动中，选手可能会受到各种各样的干扰，有来自外界的，有来自自身内部的。这时，选手通过意志力来集中注意力，可以有效地排除各种干扰，克服不良影响。

（3）更好地坚持训练

任何运动项目的训练都是枯燥而辛苦的，跆拳道运动同样如此。选手在训练到达一定程度时，身体和心理上到达了一个瓶颈，可能会出现疲惫和厌倦的消极情绪，也可能会产生运动损伤。这时，意志坚强的人就会克服各种困难，坚持将训练进行到底。

第四节 跆拳道 SWOT 分析

一、SWOT 分析法

SWOT 分析法是一种非常重要的管理工具和手段，它主要通过对当前事物进行客观合理的分析，来确定最佳的营销手段。一般来讲，SWOT 分析法会对事物进行四个方面的分析，分别是竞争优势、竞争劣势、机遇以及威胁。

本节将采用 SWOT 分析法对我国跆拳道市场进行优劣势和机遇挑战等方面的分析，得出我国当前跆拳道市场发展的积极与消极因素，总结跆拳道的发展经验，并根据分析结果制定相应的营销策略等。

二、跆拳道 SWOT 分析

（一）跆拳道的优势

1. 成本上占有优势

跆拳道市场是近些年新兴起的产业，这些新型产业在发展的初期阶段占有一定的成本优势，跆拳道市场的成本优势主要体现在以下两点。

（1）培训经营成本较低

目前跆拳道市场主要依靠创办跆拳道培训班来获取利益，而在培训经营成本中，主要包括培训场地费用、器具器械费用以及培训人员费用，相比于其他第三产业服务成本偏低。

（2）市场可变成本结构简单

跆拳道市场的可变成本主要包括跆拳道的广告宣传费用和租用场地的水、电、煤气费用，经营成本结构简单，也就是说除了必要的生活开支，运营一个自营自教的跆拳道馆能够在市场中占有一席之地。

2. 礼仪培训广受欢迎

现代跆拳道运动非常注重讲究礼仪、推崇武道，并在传播过程中不断进行实践和深化，以培养习练者其礼让谦逊、宽厚待人的品德。"以礼始，以礼终"是跆拳道习练者必须遵守的行为规范，它要求在教学过程中所有的教练学员必须身着统一白色道服。不管是在训练、比赛、讲解等各种场合，都可见队员教练在不停地行礼鞠躬，这是一种系统化的礼仪规范。这种特殊的教育功能，对于青少年具有特殊的教育意义，这就是很多家长希望自己的孩子练习跆拳道和社会上的精英（白领）人才愿意参与跆拳道训练的原因之一。

3. 考核体系较为完善

在段位的考核上跆拳道的考核体系更为细致标准，在晋级者年龄，习练时间，考核内容、标准，晋级资格和考核程序、组织上有明确严格的规定。

白带（10级）——必修：基本动作或太极一章。

白黄带（9级）——必修：太极一章。

黄带（8级）——必修：太极二章。

黄绿带（7级）——必修：太极三章。

绿带（6级）——必修：太极四章。

绿蓝带（5级）——必修：太极五章。

蓝带（4级）——必修：太极六章。

蓝红带（3级）——必修：太极七章。

红带（2级）——必修：太极八章。

红黑带（1级）——必修：太极一至八章。

黑带（1段/1品）——必修，高丽；升级年资，1年；年龄，15岁或以上，以下者为1品。

黑带（2段/2品）——必修，金刚；升级年资，1年；年龄，16岁或以上，以下者为2品。

黑带（3段/3品）——必修，太白；升级年资，2年；年龄，18岁或以上，以下者为3品。

黑带（4段）——必修，平原；升级年资，3年；年龄，25岁或以上，以下但年满20岁者为4品。

黑带（5段）——必修，地跆；升级年资，4年；年龄，30岁或以上。

黑带（6段）——必修，天拳；升级年资，5年；年龄，36岁或以上。

黑带（7段）——必修，汉水；升级年资，6年；年龄，43岁或以上。

黑带（8段）——必修，一如；升级年资，8年；年龄，51岁或以上。

黑带（9段）——由特别组织评核，在跆拳道有重大贡献者9年；年龄，60岁或以上。

这种晋级考试制度，使学员在学习过程中有了明确的目标，每晋升一个级位，都会给学员一种成就感和自豪感，形成了一种无形的激励机制，因而备受跆拳道爱好者的推崇，追求更高的段位成了每一个跆拳道习练者的共同目标。

4. 有利于青少年的健康成长

青少年从小进行跆拳道训练的好处体现在以下两个方面。

①有助于青少年机体骨骼的发育。跆拳道在培养人的速度型、灵敏性、协调性、柔韧性等方面都有很大的益处，处于身体发育期的青少年如果进行适当的训练，可以促进他们骨骼肌肉的发展，改善机体形态。

②帮助青少年解放天性，树立信心。跆拳道讲求的"呐喊发声"符合青少年爱表现的天性，通过大胆的喊叫，培养他们敢于表达心声及情感的勇气，这对于青少年树立信心，克服自卑心理有一定的益处。

5. 训练环境优越

跆拳道馆或跆拳道俱乐部是进行跆拳道训练和教学的主要基地，目前市面上的跆拳道馆或俱乐部在装修或设计上基本符合人们对训练场馆的要求，例如，环境干净整洁、器具摆放整齐、标语张贴醒目等，使前来学习的学员更容易感受到训练的气氛，更确切地说，满足消费者的期待。

（二）跆拳道的劣势

跆拳道的发展，尤其是大众跆拳道发展迅猛，犹如破竹之势，谁也阻挡不了。但是，俗话说船小好调头，船大可就难调头了。现在跆拳道发展越来越快，同时市场规模也越做越大，这就难免会出现一些问题和瑕疵。

1. 跆拳道文化的冲突与反弹

我国最初在引入跆拳道时，大众的新鲜感和好奇感在极度兴盛之际，因此跆拳道获得了大量的关注。但不同文化之间必然存在着些许冲突，待大众的热情稍有下降时就会体现出来，这就解释了为何大众跆拳道经历一度流行之后热度会不断下降。只有深入地了解跆拳道文化与中国文化，将二者进行有机的融合，才能令跆拳道重返正常的发展轨道上来。

2. 经营者缺乏先进的营销理念

要想使一个产业快速稳定地发展，必须拥有一个先进的营销理念来指导产品在运营过程中的规划、推销、销售、服务等环节，跆拳道产业的发展也不例外。但是跆拳道产业在我国的发展时间较短，无论是在营销理念还是营销经验上都存在很多不足，因此在一定程度上限制了其发展。

（1）市场定位存在误区

跆拳道在我国市场中缺乏一个清晰的定位，不能准确地针对某一群体制定营销策略，营销手段也略显单一。

（2）产品的附加价值不足

要想将某种体育产品成功地营销出去，经营者应适当地赋予产品一些附加价值，这样消费者的购买意愿才会得到加强。

（3）营销战略出现失误

跆拳道的营销战略的失误之处在于营销时间过短，一个品牌要想树立其企业形象或拥有一定的知名度，必须经过一个长期的营销过程，在这期间也需要展开不间断的投入和营销活动。

3. 跆拳道教练水平参差不齐

跆拳道市场的突然兴起吸引了众多经营者的注意，在这其中必然存在一些利欲熏心者，这就导致了跆拳道教学市场的混乱。一些没有跆拳道教学资格的人昧着良心教课，跆拳道教练水平层次不齐。如果让孩子跟随那些非专业教练学习跆拳道，不仅不会提升孩子的跆拳道水平，相反还有可能使孩子误入歧途，受到伤害。

4. 掺假的跆拳道腰带

毋庸置疑，身穿一套洁白的道服，腰中系上黑带，本来是神圣而光荣的事情，是多少跆拳道练习者梦寐以求的目标，也是他们习练水平的标志。然而个别缺乏道德与良知的不法分子，在经济利益的驱动下，将黑手伸向黑带。他们利用自己的特殊关系，将考级时成绩不合格者推荐给段位授予机构。于是，"花钱买黑带"的现象，使黑带曾经一度泛滥，一时间，"黑带"真假难辨。

（三）跆拳道的机遇

1. 国民用于体育消费的支出上升

随着我国经济的快速发展，居民收入不断上升，人们对自身健康的追求越来越强烈，国民用于体育消费的支出也呈现出增长的态势，这对于跆拳道产业来说是一个十分珍贵的发展机遇。另外，当代社会居民的生活压力不断加大，身体和精神上都有越来越多的问题涌现出来，如何满足广大居民的日益增长的精神文化需求，成为市场经济下急需解决的问题。而跆拳道这一新型的运动项目与健身方式由于其丰富的文化内涵和简单易学的技术动作，恰好满足了当今社会的需求，备受广大群众尤其是青少年的喜爱。

2. 得到了国家及国际组织的支持

（1）官方的大力支持

跆拳道在中国迅速步入正轨，不仅被列入了《奥运争光计划》，还被列入了《全民健身计划》，并取得了可喜的成绩。中国不但实现了在奥运会上夺金的目标，而且使大众跆拳道健身人口数达到了数百万。官方对大众跆拳道的媒体播报，使得人们对"大众跆拳道"这个词开始熟悉且渐渐深入了解。官方展示的一张张精美的图片和一幅幅动人的画面，更是吸引了众多运动爱好者的目光，加速了大众跆拳道在中国的推广进程。

（2）国际性组织的大力支持

跆拳道被称为"世界第一搏击运动"。国际跆拳道联盟和世界跆拳道联盟是在 20 世纪 60~70 年代相继成立的国际性组织。国际跆拳道联盟主张跆拳道的表演和技巧性，提倡跆拳道的品势修炼。世界跆拳道联盟则提倡跆拳道的实战和搏击，即目前的竞技跆拳道。这两个组织在世界各地积极发展会员国，通过多种渠道、多种方式开展跆拳道的推广工作，对跆拳道的国际推广作用巨大。

（四）跆拳道面临的威胁

1. 跆拳道市场中的无序竞争

由于跆拳道市场监察的缺失，众多跆拳道俱乐部或培训机构之间的竞争无序化现象普遍，甚至出现了恶性竞争现象。经营者经常利用价格或虚假宣传来招揽学生，却疏于提升自己的服务质量和对硬件设施的管理。

2. 我国跆拳道市场地区差异较大

目前我国跆拳道市场的总体特征：跆拳道市场主体在数量上增长较快，但在质量上有待提高；跆拳道市场体系初步形成，但发展无序化严重，需要监管；跆拳道市场普及性较高但是地区发展差异较大；跆拳道市场高效需求的潜力很大，但是经营主体的管理经营经验不成熟；高素质的体育人才和管理人才匮乏。

跆拳道在我国的发展呈现出了"大城市和沿海较发达地区的市场较为成熟和规范，全国总体发展呈现出阶梯式的发展形势"。因为欠发达地区一方面跆拳道馆的规模小、硬件设施不齐全，另一方面缺乏专业的跆拳道人才，所以其发展还处于初始阶段，较不成熟。

三、跆拳道市场营销分析

（一）跆拳道市场营销环境分析

1. 宏观环境分析

从我国人口环境来分析，大众跆拳道市场的消费者和爱好者的人口结构有以下特点："青少年比成年人多、发达地区比欠发达地区多、男生多于女生。"而且近几年，跆拳道运动也走进了中小学与大学的体育课程中，很多大学都成立了自己的跆拳道协会。根据多家媒体的报道，学习跆拳道在我国已逐渐形成了一种风潮，并成了一种时尚的运动。

从我国的经济环境来分析，纵观我国近五年的国民收入水平和消费结果，大众跆拳道运动仍然有广阔的潜在市场。根据国家统计局发布的2018年我国各省区市的人均可支配收入，"全国平均值为28228元人民币。其中，较高的地区有北京为62361元人民币，上海为64183元人民币，中部地区如河北为23446元人民币，河南为21964元人民币，东南部沿海地区如广东为35810元人民币，福建为32644元人民币"。从以上数据可见，在大众跆拳道市场繁荣的地区，普通人民的可支配收入水平完全可以支持爱好者坚持此项运动。

从我国政治和法律环境来分析，大众跆拳道市场得到了我国体育总局政策和法规的支持。我国实行全民建设计划纲要后，大众体育的发展势头迅猛。北京奥运会更是对国人的体育运动意识产生了巨大的刺激。中央体育局更是提出了竞技体育和大众体育均衡发展的策略，我国也真正走上了体育强国的道路。

2. 微观环境分析

从体育企业的营销来分析，它与其他行业的营销一样，并不是孤立进行的而是与其他体育企业有密切的联系。近些年随着我国房地产行业的发展，从自治区到中小城市，房价都有不同程度的提高，也导致了训练场的租金日益上涨，成了大众跆拳道市场继续发展的重要阻碍因素，尤其是对商业跆拳道俱乐部或培训中心造成了不小的影响，但对中小学和大学的跆拳道俱乐部造成的影响则相对较小。大众跆拳道行业的消费者是微观营销环境中最重要的因素。消费者根据"练习者年龄可以分为青少年和成人，他们的练习目的不同"。对于青少年来说，练习跆拳道多是为强身健体、减小学习压力、锻炼其品行和毅力。而跆拳道的成年练习者练习目的多为健身或减肥、追逐时尚或防身等。由于不同年龄段的消费者其目的不同，采取的营销策略和营销重点应该有不同的侧重点，而经营者也应该以迎合不同的目的来设计其有特色的训练课程。

大众跆拳道市场的竞争者不包括横向的竞争者即不同类型的跆拳道俱乐部或培训班，还包括纵向的竞争者即其他项目的大众培训机构，如舞蹈、武术、篮球和足球等。大众跆拳道项目的核心竞争力从外因看，近几年的韩流趋势使跆拳道项目挂上了时尚的标签；从内因看，其练习内容的易学性和实战性都使它推广快速。

（二）跆拳道发展的营销策略

1. 产品策略

①跆拳道市场中的核心产品。通过细化跆拳道核心产品的内容，可见跆拳道这一项目的一些特点——动作简练、易掌握和目标明确。许多研究也从其他的角度证实了跆拳道的这一特点。从营销学中产品的宽度、长度和相关度方面也同样可以发现跆拳道简练和易学的特点。但是由于跆拳道教学的无形性和生产消费的一致性，其产品的销售情况复杂且只能直接销售而不能有间接销售也就是中间商。

②跆拳道市场中的形式产品。跆拳道的服装实行相似包装策略，采用相似的款式、颜色和标志。一方面可以形成跆拳道的标志性特征，便于辨认和流行；另一方面，增加了练习者的整体性和团结性。而跆拳道服装另一个特点就是其差异性的腰带，这是典型的差异性包装策略。利用不同腰带颜色来对不同练习者的练习水平产生差异性的外观，这也是跆拳道市场的显著特点。

③跆拳道市场中的附加产品。它是指顾客购买一种产品时所得到的其他产品或服务，它也是一种产品或服务，以促进核心产品的营销，如所获得的优惠或赠品等。

2. 价格策略

从我国跆拳道市场十几年的发展以及当前的产业扩张现状可看出,我国市场目前处于成长期。跆拳道培训市场一般在 120～250 元/月,并实行月卡、季卡和年卡以保留客户。调查显示,普通练习者的跆拳道服装的收费为 50～300 元。

我国跆拳道市场主要受到竞争导向定价法的影响,所谓竞争导向定价法是"根据同行业中其他公司的价格来制定本企业服务价格,但它并不一定意味着企业将与其他公司收取相同的费用"。虽然我国大众跆拳道市场的消费者数量急剧上升,发展快速,竞争开始加剧,但是其利润并不是很高。"与同类爱好钢琴和英语等相比,跆拳道定价仍处于较低的水平"。

所以我国大众跆拳道市场的服务定价并不由消费者的数量决定,而是受行业内竞争行为的影响。这从侧面也印证了我国大众跆拳道市场经营的混乱和无序,致使整个行业都无法通过有质量的经营来获得良好的利润。

3. 渠道策略

跆拳道采取俱乐部的形式发展,属于体育产业中的体育培训产业,其实质就是为体育消费者提供非物质的技能培训服务。

跆拳道以道馆为发展形式,通过提供训练场地、器材和技术培训,满足人们在闲暇时间学习跆拳道、习练拳道的需求。跆拳道的爱好者和习练者都有各自的学习和工作任务,不可能像专业选手一样专门去学习训练。只能利用课余或工作之余学习或训练,道馆的上课和训练时间都安排在人们的闲余时间,避免学习、工作与练习跆拳道发生时间上的冲突,既锻炼了身体,又兼顾了学习和工作。跆拳道采取体育健身俱乐部的形式发展,既符合了当前社会大众健身的需求,又适应了体育大众化、产业化的发展趋势。

4. 促销策略

近几年,我国跆拳道市场从业经营者数量更是呈现出井喷式的增长。因此在广告营销中,仅仅注重其基本的告知功能很难吸引到消费者,因为现在社会已经对跆拳道运动有了认识。多数的经营者采取差异化广告营销,注重利用其独特的优势来吸引消费者,如其教练的资质、硬件的配备和地点的便利等。少数经营者的广告开始注重品牌的建立,以期与消费者建立长久的联系和突出其个性化经营,这将是未来跆拳道广告策略的发展趋势,以适应日趋成熟的市场。

四、跆拳道发展带来的启示

（一）跆拳道实现国际化发展的主要原因

①为促进跆拳道的国际化发展，韩国建立了以研究和传播为中心的权威机构"国技院"。

②通过竞技化发展脱离了与空手道的相似性，竞赛规则的改革启发了技术的多样化，受到全球的欢迎和喜爱，成为奥林匹克运动会正式比赛项目。

③学习动作比较容易，男女老少都容易接受，许多人可以一起练习。

④规范的课程和管理，使学员有了锻炼的标准和积极性，激励他们不断向更高段位迈进。

（二）跆拳道带给中华传统武术的启示

1. 重视武术人才的培养

韩国政府十分重视跆拳道人才的培养，不但建立了一系列严格的选拔培训机制，而且也为优秀人才提供了很多继续深造的机会。因此在韩国学校或道馆的跆拳道教师不是世界冠军便是有很深造诣的跆拳道高手。而政府也提供了一系列奖励和优惠政策，让他们对未来没有后顾之忧。因此这些健全的教学条件、成熟的科研条件和良好的物质保障，都为韩国大众跆拳道市场提供了大量高素质的跆拳道人才。武术人才可是核心，只要拥有了大量的武术人才，武术的发展之路可谓是向前迈进了一大步。

2. 树立现代先进的营销理念

市场竞争日益激烈，韩国跆拳道不仅从大众体育市场中脱颖而出，还保持了数十年屹立而不倒，成功建立了"时尚运动"的标志，这些都离不开其先进的营销理念。营销理念的发展有五个阶段，即"生产观念、产品观念、推销观念、营销观念和社会营销观念"。而跆拳道运动的广泛推广正是利用了"社会营销观念"。这种观念的核心是，"企业必须以消费者的利益为中心，千方百计满足消费者的需求，并采取有效措施使其满意；同时摒弃传统的只从企业短期利益出发，千方百计把现有商品推销出去，根本不考虑消费者利益的营销观念"。中国的传统武术应该走出国门，更加国际化。

3. 营销策略应该多样化

韩国跆拳道市场的营销策略比较多元化，不仅仅拘泥于用价格和普通的宣传来招生。"根据本身经营道馆的规模和硬件设施不同，通常利用不同的营销策略"，有的道馆是综合性的，甚至囊括了跆拳道、散打、瑜伽、舞蹈等，规模很大。"规模场地大的优势，能吸引很多人的眼球，但是价格自然要高，不过很多学员仍然不惜花钱，这是因为会员的待遇把学员绑定在了一起"，学员持会员卡可以享受很多服务优惠，进而留住很多学员，同时会员卡可以成为宣传的媒介，比广告和报纸更具有宣传力，持卡的人会给她的熟知的人介绍道馆的情况，很具有信服力。

4. 服务手段先进化

韩国跆拳道市场中的道馆，其服务设施、手段比较健全和先进，通常非常注重硬件设施、软件教学水平、服务质量、道馆差别化特色的建立等。除去跆拳道训练必备的护具和地垫外，还有多媒体设备，并建立全面的学生档案，通常用打卡机来记录学生的出勤情况，针对学员的练习年限建立其档案，实现服务手段的个性化。总之，韩国跆拳道市场充分利用了现代化工具尤其是多媒体工具来提高其教学和服务质量。中国武术是时候提高对硬件的投入费用了。

作为韩国民族国技的现代跆拳道运动，在短短几十年间，如此风靡于全世界，在中国的发展也是特别得迅猛，其成功并不是偶然的，是韩国及韩国人多年努力的结果。不过跆拳道并非完美，也有瑕疵，但成功"入住"代表西方体育文化和世界最高竞技水平的奥运会，被称为"世界第一搏击运动"，受到全世界数千万人的青睐，这是不争的事实。回过头来，中国传统武术如何实现国际化发展，真正实现在外国发扬光大，为创建良好的中国国家形象服务，这不仅是一个文化品牌建构问题，还是中国实践和谐世界理念过程中武术学界需要认真研究的问题。

我们可以借鉴跆拳道运动推广的成功经验，在坚持民族传统特色的基础上，不断改革和完善竞赛规则，形成统一、规范的教学体系，根据我国实际来探索中国武术的国际化之路。

第二章 跆拳道训练的学科理论基础

跆拳道运动是一项内容极其丰富的运动,所以需要系统化地进行跆拳道训练。运动员在训练时一定要遵循跆拳道运动的基本原则。如果是跆拳道运动的初学者不仅需要了解基本的跆拳道知识,还要学习跆拳道训练学科的理论基础,这些都是作为一名跆拳道运动员必须要掌握的,这些学科理论能科学有效地指导运动员进行跆拳道训练。本章分为跆拳道训练的运动学基础、运动生理学基础以及运动心理学基础三部分。

第一节 跆拳道训练的运动学基础

一、运动技能本质

(一)形成运动条件反射与运动技能

1. 运动的反射本质

相关研究发现,任何一项运动都是从感觉开始的,并伴随产生心理活动,最后表达为肌肉的效应活动的一种反射。

许多专家学者认为运动的生理机理与暂时性神经有着一定的联系。他们为了证实这一观点做了相关的实验进行验证,他们在狗身上建立了物质与运动之间会产生的条件反射,这个结果也进一步证实了大脑皮层动觉细胞能够与大脑皮质中其他中枢形成暂时性神经联系。所以能够肯定运动的生理机理与暂时性神经是有直接联系的。因此,获得运动技能的生理本质是形成运动条件反射的过程。

2. 运动条件反射形成的生理机理假说

运动条件反射的形成是由诸多非条件反射综合而成的。在大脑和身体器官逐渐发育的前提下，条件刺激物在非条件反射的基础上和听觉、视觉、触觉和本体感觉相结合，就形成了简单的运动条件反射。

（二）运动技能的信息传递与处理

人是信息处理的信息处理器，信息处理过程就是人体受到外部环境的刺激到发生反应的过程。信息处理过程对于获得运动技能具有重要作用。

形成和再现运动技能的信息源（刺激）的来源分别来自体外和体内。

体外信息源是指在学习体育运动时教师将信息传达给学习者，学习者借助感觉器官和大脑皮质对其进行分析后得出的初步概念。

体内信息源来自大脑皮质一般解释区。大脑的一般解释区由躯体感觉、视觉和听觉的联合区组成，具有各种不同的感觉体验和分析能力。

二、运动技能的分类

（一）连续、非连续和序列技能

按照运动开始和结束位置的不同，可将运动技能分为以下三类。

1. 连续性运动技能

连续性运动的开始和结束没有明显的标志，它具有不断重复的特点。连续性运动的持续时间长，并有周期性。

2. 非连续性运动技能

非连续性运动的开始和结束没有明显的标志，由多种简单动作共同组成，持续时间短，不具有周期性。

3. 序列性运动技能

序列性运动是由多个非连续性运动组成的，其各个环节呈现出顺序性和节奏性，各个环节之间具有连贯性。

（二）小肌肉群和大肌肉群运动技能

运动技能可以按照参与肌肉群体的大小分为以下两种。

1. 大肌肉群运动技能

大肌肉群运动技能是指在运动时需要大的肌肉群体参加才能完成的运动技能。走路、跳跃等动作都属于大肌肉群运动技能。

2. 小肌肉群运动技能

小肌肉群运动技能是指在运动时只需要小的肌肉群体参加就能完成的运动技能。射箭、射击等运动都属于小肌肉群运动。

第二节　跆拳道训练的运动生理学基础

一、运动过程中人体机能的变化阶段

人们在进行运动时，生理机能会发生许多变化，其中的变化也是具有规律性的，其中包括六个变化阶段。在这里只着重介绍赛前状态、准备活动和运动性疲劳。

（一）赛前状态

赛前状态是指运动员在参加比赛或运动前，身体某些器官和系统会产生一系列条件性的变化。其生理变化主要表现在神经系统兴奋性提高、物质代谢增强、体温增高及内脏器官活动增强。例如，心率和呼吸频率加快、血压升高、汗腺分泌增多等。

（二）准备活动

准备活动是指在运动前，为正式运动做好机能上的准备。其生理作用主要是有效调整赛前状态，提高中枢神经系统兴奋性；克服内脏器官的生理惰性，从而提高机体的代谢水平，升高体温；增强皮肤的血流量以便散热，防止正常比赛时体温过高。

准备活动的时间、强度、内容、与正式活动的时间间隔等，都是影响准备活动生理效应的因素。一般准备活动的强度以 45% 的最大耗氧量，心率达 100～120 次/分，时间在 10～30 分为宜；还可根据项目特点、个人习惯、季节等因素进行适当调整，以身体微出汗为佳。

（三）运动性疲劳

运动性疲劳是在运动过程中，机体的机能能力或工作效率下降，不能维持在特定水平上或不能维持某一运动强度的生理过程。从生化角度来看，一是运动时能量体系输出的最大功率下降；二是肌肉力量下降或内脏器官功能下降而不能维持运动强度。

运动性疲劳可根据反应时、肌电图、心电图、主观体力感觉登记表、肌力（背肌力和握力、呼吸肌耐力）、生化指标（如血乳酸、血尿素、血氨、尿蛋白、血睾酮T、皮质醇）等来判断。其中主观体力感觉等级表可以直观地判断身体机能状态。

二、跆拳道运动的物质代谢

（一）糖代谢

在了解跆拳道运动中糖的代谢过程之前，需要先对糖进行一定的了解，例如糖的定义、糖的重要性、糖在人体内产生哪些作用等。糖作为人体组织细胞中一种重要的组成成分，对人体起着非常关键的作用。人体内的糖能提供人体所需能量的70%，是运动员所需能量的重要来源。除此之外，由于糖在氧化过程中所需的氧要比脂肪和蛋白质更少，因此，也是肌肉和脑细胞活动过程中的首选和最经济的功能物质。在跆拳道运动中，糖会随运动负荷的不同，在体内产生不同的变化，也就是说糖的代谢与运动负荷有关。

1. 糖的代谢过程

人体内糖的储存形式为糖原，其在人体内的代谢过程可分为糖原的合成和糖原的分解两方面。其中，糖原的合成过程可分为以下三个步骤。

①人体内的糖在消化酶的作用下被转化为易被吸收的葡萄糖分子。

②葡萄糖分子在葡萄糖运载蛋白的帮助下进入血液，成为血糖。

③血糖进一步合成为大分子的糖原。

糖原的类别有很多，人体内的糖原大部分以肝糖原和肌糖原的形式存在，肝糖原是在肝脏中合成并储存的，肌糖原是在肌肉中合成并储存的。糖原的合成除了以葡萄糖为原料外，还包括一些非糖物质，如人体内的乳酸、丙氨酸、甘油等，这些非糖物质通过肝脏的作用，转变为葡萄糖或糖原，这一过程也被称为糖的异生作用。

糖在人体内的主要分解途径有三种：糖酵解（即糖的无氧氧化）、柠檬酸循环（有氧氧化）以及磷酸戊糖途径。在无氧条件下，葡萄糖经糖酵解生成丙酮酸，然后经乳酸发酵生成乳酸；在有氧条件下，葡萄糖经糖酵解生成丙酮酸，丙酮酸在线粒体内生成乙酰辅酶a，乙酰辅酶a再经过TCA循环最后生成二氧化碳和水；在磷酸戊糖途径中也有二氧化碳和水的产生。以上三种分解途径中，第一种和第二种的过程中有能量的产生，在第三种途径中则没有。

2. 跆拳道运动对血糖的影响

跆拳道运动对人的血糖变化是有一定影响的，但变化的前提是进行跆拳道运动时间的长短以及从事跆拳道运动的类别。一般来说，偶尔进行跆拳道运动的人和正常人的血糖浓度并没有什么不同，始终围绕在 39～59 毫摩尔/升的范围内。但长时间进行跆拳道运动会使血糖水平下降，这是因为在长时间运动的过程中会消耗大量的葡萄糖，引起血糖水平下降。而不同类别的跆拳道运动之所以会影响血糖浓度主要是因为训练内容和训练强度的不同会引起神经系统兴奋性的不同。

3. 跆拳道运动中的补糖时间

跆拳道运动是一项耗糖量相对较高的运动项目，运动强度和运动量都非常大，因此，要在运动前和运动中进行适量的补糖。但是为了使运动效果有明显的提高，需要结合跆拳道运动中糖代谢的规律进行科学合理的补糖，其中补糖的时间非常重要。

服糖的最佳时机是在运动前的两小时，在这期间，所补充的糖分可以通过糖代谢释放一定的能量，也可以转化成肌糖原、肝糖原等满足血糖的供给需要，使运动员的血糖水平维持在一个较高的状态。另外，运动前的一个小时内不适宜服糖，如果轻易服糖会使运动员的血糖水平迅速上升，导致体内胰岛素的大量分泌，胰岛素具有降低血糖的功能，这样一来，服糖反而起不到补糖的作用，还会使运动员出现运动型的低血糖，降低运动能力，破坏训练效果。

补糖的最佳时间是运动中的每半个小时，可以通过饮用一些低浓度的运动饮料来保持血糖水平。值得注意的是千万不要服用高浓度的饮料，因为高浓度的饮料不能被吸收利用，延长了胃排空的时间，会影响最佳的运动效果。

（二）脂肪代谢

脂肪代谢是指人体内的脂肪在相关酶的作用下，进行消化吸收、合成分解并加工成机体所需物质的过程，脂肪代谢对人体正常生理机能的运动有着非常重要的意义。脂肪代谢的原料是脂肪，这是人体需要的重要营养元素之一，供给机体所需的能量，也是能量储存的主要形式。

人体脂肪主要来源于外界的食物供给和人体自身的合成，大部分储存在皮下组织、腹部网膜以及内脏器官周围，具有保护内脏、维持体温的功能，并且它会随着新陈代谢的不断更新而更新。跆拳道运动对人体脂肪含量的要求较高，因此要想更好地进行跆拳道运动，全面深入了解脂肪代谢的过程是非常有必要的。

1. 脂肪的代谢过程

这里所说的脂肪代谢过程指的是其分解代谢过程,共分为三个阶段。

第一阶段:脂肪动员阶段。在这一阶段中,脂肪在脂肪酶的作用下分解成甘油和脂肪酸。

第二阶段:甘油和脂肪酸的氧化阶段。其中,在甘油的氧化过程中,甘油先在酶的催化作用下逐次形成磷酸二羟丙酮,再经糖酵解或有氧氧化进行供能,或者还可转变为糖脂肪酸与清蛋白结合转运入各组织经 β - 氧化供能。在脂肪酸的氧化过程中,有一个重要物质的生成——脂酰 CoA,它可以帮助代谢脂肪的中间产物,完成体内代谢脂肪过程。

第三阶段:乙酰 CoA 的彻底氧化阶段。在这一阶段中,乙酰 CoA 经三羧酸循环,最终氧化生成二氧化碳和水,生成的二氧化碳经呼吸排出体外,水则通过汗液和尿液排出体外。

2. 跆拳道运动与脂肪代谢

在一定时间内的有氧运动中,脂肪是人体主要的供能物质,并且其供能比例与时间的长短成正比。跆拳道运动是一项典型的有氧运动,如果长期坚持进行这项运动,可以有效地改善血浆中的胆固醇含量,降低人体胆固醇,防止动脉粥样硬化,对人体有益。除此之外,坚持进行跆拳道运动,还能防止脂肪在身体的过度积累,具有减肥健美的功效。

(三)蛋白质代谢

蛋白质是构成人体生命的物质基础,它参与一切细胞和机体重要部分的组成,生命体没有了蛋白质就无法正常运行下去。在代谢过程中,糖和脂肪是最先进行代谢的物质,蛋白质在最后。人体中如果出现了过多的蛋白质,肝脏就会将其进行分解,并由肾脏排出。为了保持身体健康,人体每天要摄取一定量的蛋白质来保持蛋白质平衡。

1. 蛋白质的代谢过程

蛋白质的消化过程可以分为以下四步。

①食物中的蛋白质进入消化道中先被消化成氨基酸,然后被小肠吸收进入血液并运输到全身各处。

②氨基酸进入组织细胞被合成各种组织蛋白、酶等蛋白质。

③氨基酸进入细胞通过氨基转换作用产生新的氨基酸。

④氨基酸进入细胞通过脱氨基作用生成含氮部分和不含氮部分，含氮的氨基在肝脏转变成尿素，通过泌尿系统排出体外，不含氮部分可以被氧化分解或转变成糖类和脂肪。

2. 补充蛋白质对跆拳道运动的影响

跆拳道运动不仅仅可以消耗过多的糖分和脂肪，还能够消耗部分蛋白质，因此，为了防止蛋白质的流失对体内细胞造成各种不好的影响，需要在完成运动后有针对性地补充蛋白质，加强蛋白质的修复和再生，以保证更好的运动效果。

由于蛋白质对人的肌肉力量影响较大，因此，在进行完跆拳道运动后需要及时对蛋白质进行补充。目前，比较理想的跆拳道营养补剂为亮氨酸、异亮氨酸与缬氨酸的混合物，其混合比例为 2∶1∶1，这种营养补剂可以促进肌肉力量的生长，满足机体运动后对蛋白质的需求，适用于强度较大的运动后服用。

（四）水、盐代谢

1. 水代谢对跆拳道运动中人体的影响和作用

水是人体结构的重要部分，它能促进细胞的新陈代谢，并参与维持细胞的正常形态和完整细胞膜的组成。水的含量占据人体的 65%～80%，分布在人体各器官和体液中。水的代谢对于跆拳道运动非常重要，这是因为在进行跆拳道运动时，体内的热量变化会引起体温的变化，而水的代谢可以稳定这种变化，保持体内温度的平稳，避免人体温度的失衡。

2. 无机盐代谢对跆拳道运动中人体的影响和作用

无机盐是构成人体组织的重要原料，在人体内含量不多，仅占体重的 4% 左右，但是其在维持渗透压、维持体内酸碱平衡以及维持神经肌肉兴奋性等方面有着很大作用。在跆拳道运动中，无机盐的代谢能保证体内水的平衡，使身体机能正常运行。

进行跆拳道运动时，为了使无机盐能正常地代谢，要注意饮水的量和次数，因此，跆拳道运动员一般会遵守饮水"少量、多次"的原则。如果饮水过多，血液被稀释，不仅心脏负担加重，还会出现消化不良的问题。正确的补水时间是在运动前的 10 至 15 分钟或运动中的每 15 至 20 分钟，适宜的补水量运动前为 400 至 600 毫升，运动中为 100 至 150 毫升。

三、身体素质的生理学基础

（一）力量素质的生理学基础

力量主要来源于肌肉，然而肌肉力量的大小主要取决于以下两方面。

①肌肉横断面的大小。肌肉横断面越大，肌肉收缩时产生的力量也越大；体育锻炼可增加肌肉生理横断面，主要由肌纤维增粗、肌肉蛋白含量增加、肌毛细血管增多、肌结缔组织增厚、糖原和酶的含量增加所致。

②神经系统的调节。在神经系统的调节支配下，运动可改善主动肌与协调肌之间的协同作用。

（二）速度与速度耐力素质的生理学基础

在速度和速度耐力运动中，肌纤维内肌糖原含量及其无氧酵解能力是其物质基础，神经系统的灵活性是速度素质的基础，各种神经中枢间的协调配合、兴奋与抑制间的交替是肢体快速运动的前提。跑速的步频、步幅等受大脑皮质运动中枢兴奋与抑制的转换能力及中枢神经系统耐受酸性代谢产生刺激等因素的影响。

（三）耐力素质的生理学基础

影响耐力素质的因素主要有肌肉中蛋白的含量、糖原和脂肪的储存、动员能力、肌肉中线粒体及酶的活性等。运动锻炼可提高人体的有氧代谢能力，提高大脑皮质神经细胞的工作能力。

（四）灵敏素质的生理学基础

发展灵敏素质主要是提高中枢神经系统的生理机能，包括神经中枢的机能能力和分析综合能力、完善大脑皮层运动性动力定型、协调肌肉活动和内脏器官机能能力。

（五）柔韧素质的生理学基础

影响柔韧性的因素包括关节的骨结构，关节周围组织的大小，髋关节的韧带、肌腱、肌肉等的伸展性，神经系统对骨骼肌的调节及年龄因素，一般年龄越小，发展柔韧性素质越佳。

四、影响跆拳道运动员身体训练的生理学因素

（一）力量素质训练

在跆拳道训练中，一名运动员要有合格的力量素质，力量素质的训练会根据年龄、性别、激素等多方面因素调节训练强度。其中力量素质训练的生理学因素主要包括肌纤维类型、肌肉横断面积以及肌肉初长度。

（二）速度素质训练

速度素质具体分为三大类，其中包括反应、动作以及位移速度。在分析哪些速度素质会影响训练的生理学素质时，也需先认真了解速度素质的这三个方面，在跆拳道运动训练中影响速度素质训练的生理因素主要有以下几个方面。

1. 影响反应速度的生理学因素

（1）中枢神经的兴奋状态

机体的反应速度主要会受到中枢神经系统的影响，机体的反应速度会随中枢神经兴奋度而变化，中枢神经兴奋度越高那么机体的反应速度也会越快。如果中枢神经系统的兴奋程度降低，可能该运动员处于疲劳的状态，如果运动员休息不够或没有休息好时中枢神经系统的兴奋度也会受到影响。

（2）遗传因素

据相关调查研究得知，反应速度还会受到遗传因素的影响，遗传力高达75%或以上会影响机体的反应速度，所以，可以说遗传因素所占比例还是比较大的。

2. 影响动作速度和位移速度的生理学因素

影响动作速度和位移速度的生理学因素有很多，其中运动员的身体形态和发育状况是最为重要的。运动员的手或脚离轴心越远，那么动作速度和位移速度就会越快。

五、跆拳道运动的能量代谢

（一）磷酸原系统

在跆拳道运动中，能量的主要来源是三磷酸腺苷（ATP），它也是生物体内最直接的能量来源。ATP储存在细胞中，但肌肉中ATP的储存较少，不能满足人体日常运动能量的需要，因此ATP的储存量不能决定ATP主要作用的发挥，

其决定因素在于 ATP 能迅速合成。ATP 的能量供应如下：在运动开始时，肌肉收缩，储存在细胞中的 ATP 迅速分解，在 ATP 分解过程中，与之紧密相关的是磷酸肌酸，它也在迅速地分解，并且放出能量，供 ATP 的再次合成。值得强调的是，CP 在分解的过程中虽然也释放出一定的能量，但这些能量并不能被细胞生命活动直接利用，而是用于 ATP 的再合成，只有 ATP 才是将人体内的化学能转化为机械能的唯一直接能源。

在人体机体内部，ATP 和 CP 都属于高能磷酸化合物，二者所组成的系统被称为磷酸原系统，这一系统是不可替代的迅速能源，为高强度运动提供能量。人们在最开始进行跆拳道运动时，会首先选择磷酸原供能系统，这是因为 ATP、CP 都以水解分子内高能磷酸基团的方式供能，随着训练强度的增强，ATP 的转换率加快，机体对骨骼肌磷酸原功能系统的依赖性也越大。

（二）乳酸能系统

虽然磷酸原功能系统是功率输出最快、持续时间短、没有中间产物的供能系统，但是在跆拳道运动中，有一些项目的运动强度过大，持续运动时间较长，仅靠磷酸原系统供能是不能及时供运动者 ATP 补充的，这时就需要另一个供能系统的帮助——乳酸能系统（糖无氧酵解系统）。乳酸能系统是指在供氧量满足不了机体需求的情况下，使肌糖原与葡萄糖在无氧分解过程中再合成少量 ATP 的过程。

机体内部糖酵解的过程：首先，糖从葡萄糖生成 2 个磷酸丙糖；其次，磷酸丙糖会转化为丙酮酸，生成 ATP。在有氧条件下，丙酮酸可进一步氧化分解生成二氧化碳和水。

在缺氧条件下，丙酮酸在乳酸脱氢酶的催化下接受磷酸丙糖脱下的氢，被还原为乳酸。在氧供应充足时，无氧酵解所产生的乳酸，一部分在线粒体中被氧化生能，一部分被合成肝糖原等。乳酸是一种强酸，当过多的乳酸积聚在体内时，就会破坏机体内环境的酸碱平衡，使肌肉工作能力下降，造成肌肉暂时性疲劳。

乳酸能系统功能特点为，功能总量较磷酸原系统多，持续时间较短，功率输出次之，不需要氧，终产物是导致疲劳的物质——乳酸。

糖无氧酵解在跆拳道运动中是一个连续的过程。首先，在运动的初始阶段，经过 ATP 酶的催化作用，ATP 被迅速水解并释放出一定的能量；接着，机体内 ATP 的浓度会暂时下降，但是在利用 CP 分解时所释放的能量后，又可以使 ATP 再次合成。糖酵解过程在肌肉利用 CP 的同时被激活，然后肌糖原就会迅速分解并提供运动中需要的能量。通过上述描述，我们可知糖无氧酵解在运动中起着非常重要的作用。

（三）有氧氧化系统

除磷酸原系统、乳酸能系统外，有氧氧化系统也是跆拳道运动中常见的供能系统之一。有氧氧化系统，顾名思义就是在氧气供应充足的条件下进行能量供应的系统，糖、脂肪和蛋白质是此系统中主要的消耗材料，在氧化作用下，以上的三种物质最终会被氧化成二氧化碳和水。

与磷酸原系统和乳酸能系统相比，有氧氧化系统最大的特点就是能够进行长时间的供能，产生大量的ATP，维持肌肉的工作。据相关数据统计，有氧氧化系统中由葡萄糖氧化所产生的ATP是糖无氧酵解的19倍，并且它还能将糖无氧酵解的产物——乳酸彻底氧化成二氧化碳和水，释放能量供机体利用。因此，有氧氧化系统是进行长时间耐力活动的物质基础，在练习跆拳道的过程中，可以有效地将无氧代谢过程中产生的乳酸快速地消除掉，以增强跆拳道的训练能力。

在机体有氧氧化系统中，首先消耗的能源物质是体内的糖，其次是脂肪，最后是蛋白质。在跆拳道运动中，根据运动进行时间的长短，这三种物质也逐次被分解用以供能。当运动时长不超过两小时、运动强度较低的情况下，糖原是最先供能的物质；当运动时间不超过半个小时、运动强度为中低强度的情况下，脂肪为主要的供能物质。

脂肪与糖原虽然都适用于中低强度的运动供能，但其比例会随着运动强度的增大而逐渐降低，这是由于脂肪在氧化过程中对糖原有着一定的依赖性，当肌糖原逐渐被耗尽时，脂肪与糖原的供能比例才逐渐升高。当运动时长超过半小时，运动强度较大时，此时的供能物质就会有蛋白质的出现。

值得注意的是，此时的供能总量并不是蛋白质总的供能量，其中还包括肌糖原的供能。在肌糖原储备丰富时，蛋白质的供能只占到总量的5%，当肌糖原逐渐消耗完，蛋白质的供能比例逐渐上升，最大可以达到总供能的15%。

六、跆拳道运动中常见的生理反应

（一）极点和第二次呼吸

体育锻炼中，人体的生理平衡受到暂时性破坏，可能出现某些生理反应，如极点和第二次呼吸是长距离运动中常见的生理现象。只要坚持运动和处理得当，极点现象是可以得到延缓和减轻的。

1. 极点

训练不足及身体适能状态较低的人，通常在运动开始后不久（特别是中长跑）会有两腿发软、全身乏力、呼吸困难等感觉。运动生理学中，将这种现象称为极点。

极点是一种正常的生理现象，主要是由内脏器官的生理惰性引起的，体内各器官及系统都需要一段时间来适应剧烈运动。

如果人体长时间处于安静的状态突然进行剧烈运动，虽然四肢肌肉能够适应，能够迅速进入工作状态，但是内脏器官不能迅速达到最高的技能水平，这就会造成体内缺氧。大量的乳酸和二氧化碳积聚，使自主神经中枢和躯体性神经中枢之间的协调遭到暂时破坏，表现为极点现象的产生。

极点出现与训练水平、运动前的准备活动有关。训练水平低或运动前准备活动不充分，都会出现极点反应。经常参加锻炼的人，极点出现较晚，持续时间短，身体反应较轻。

2. 第二次呼吸

极点出现后，如依靠意志力和调整运动节奏继续运动，不久不适应症状将消失或减轻，随之呼吸也能顺畅自如，动作也会变得轻松有力，将这种状态称为第二次呼吸。

第二次呼吸产生的主要原因是内脏器官得到缓解，体内的供氧量也随之增加，这时乳酸也会渐渐减少，当运动速度下降时每分钟的需氧量也会随着下降，乳酸的产生量也会减少，机体的内在环境也会得到改善，之前被破坏的动力定型也会得到恢复。

（二）运动性腹痛

运动性腹痛是中长距离运动中常见的一种生理反应，是在运动过程中或结束时产生的腹部疼痛，经检查无其他疾病原因。

1. 症状

运动中出现腹痛，其特点为除腹痛外一般不伴随其他症状。多数安静时不痛，运动时才痛。它与运动过程中肝脏淤血、呼吸肌痉挛或活动紊乱、胃肠道痉挛或功能紊乱有关。疼痛程度与运动量大小和强度成正比，一般活动量小、强度低时疼痛不明显，负荷量加大时疼痛才逐渐加剧；调整运动量和强度，做深呼吸或按压腹部，疼痛会有所缓解。

2. 处理及预防

一旦运动中出现腹痛，则应减慢运动速度、降低运动强度，加深呼吸，调整呼吸与动作节奏，用手按压疼痛部位，一般疼痛即可减轻。如无效或疼痛剧烈时则应停止运动，同时可针刺或点揉内关、足三里等穴位以缓解疼痛，必要时口服止痛药。

（三）运动性贫血

运动性贫血是指由于运动引发的血液中血红蛋白含量减少的现象。

1. 症状及原因

运动性贫血发病缓慢，其症状主要表现为头晕、恶心、呕吐、气喘、体力下降，以及运动后心悸、心率加快、面色苍白等。

长期进行高强度的耐力训练会引起血浆容量增加，高强度的运动会引起红细胞破坏加剧，大量出汗会加快铁的流失，再加上铁摄入量不足等，容易导致运动员发生"运动性贫血"。通常情况下，发生运动性贫血症状的，女生多于男生；从事中长跑项目的运动员发生运动性贫血的概率较大；而女性运动员，由于生理周期的原因，通过经血流失铁较多，更容易发生贫血症状，从而影响训练效果和运动员的身体健康。

2. 处理及预防

如果运动中出现头晕、无力、恶心、呕吐等相关症状，应适当减小运动量，必要时需要停止训练，并适当补充富含蛋白质和铁的食物，口服硫酸亚铁、生血中药等，以期得到缓解。预防运动性贫血，需在运动训练后及时补充水分、电解质和维生素，也可选取一些专业运动饮料；另外，还要加强训练期间的营养补充。

无论在做哪些运动前，都应做好充分的准备活动，这是预防运动损伤的关键。由于每个人的身体条件、身体素质不同，我们不能确定在运动过程中会发生什么样的突发情况，只有做好充分全面的预防准备才能最大程度上避免在运动中受伤。准备活动的内容要根据个人的身体特点、运动项目、运动强度、气候变化等因素进行科学合理的安排。尤其是针对极易损伤的部位，更要加强防范意识，选择适宜的运动服装和设备，在环境较好的运动场所进行锻炼。

第三节 跆拳道训练的运动心理学基础

一、跆拳道与心理效应

一般来说,人的健康不仅仅包括生理上的健康,还包括心理上的健康,并且生理状态和心理状态相互影响,相互调节。权威的医学研究证明,人的大脑中存在着一种与身体和心理都具有密切关系的化学物质,它在调节人的身体免疫系统的同时还影响着人的思想感情,也就是说在保持良好心态的同时,人体内也在分泌着各种有益于身体健康的化学物质,在生理和心理的双重作用下,人的免疫机能会有大大的提高。

医生在为患者进行康复治疗时,往往会建议患者保持一个乐观、积极的心态,因为这样对于身体的恢复有着很大的帮助,如果患者每天都笼罩在负面消极的情绪中,不仅不能让病情有所好转,还可能导致其病情的恶化。

长期坚持跆拳道运动对人的心理健康具有正面的影响,因为这遵循着传导兴奋的原理。传导兴奋原理认为神经信息具有双向传导的作用,以大脑和肌肉为例,神经兴奋既可以从大脑传至肌肉也可以从肌肉传至大脑。

在神经兴奋传导的过程中,肌肉活动越积极,对神经的刺激就越大,大脑就越兴奋,情绪就会高涨;若肌肉活动比较消极,对神经的刺激随之减少,大脑兴奋性降低,情绪就会低沉。从原理中我们可以得知运动能够有效地调节情绪,因此很多医学研究者也将运动疗法作为治疗过程中可取的方案之一。

跆拳道的心理学基础集中反映在跆拳道运动过程中。跆拳道对人的心理有调节作用,能够使心理朝着健康方向发展。同时,能够建立起优良的心理品质,而优良的心理品质又对跆拳道训练有促进作用。

实验研究发现,个体的心理过程和心理特征与个体的运动行为之间的关系十分密切。因此,个体的心理过程和心理特征对个体参加跆拳道运动的自觉性、积极性和主动性有着直接性的影响。参加跆拳道这项运动,又会使个体的心理水平得到提高和改善。一般来说,跆拳道的心理效应在认知能力、动机、情绪情感和意志品质这几方面表现出来。

(一)跆拳道与认知能力

对于个体来说,认知能力是先天获得的,与遗传因素有很大关系,但认知能力也会受到环境、心理和年龄等因素的影响。

跆拳道这项运动对认知能力的发展有促进作用。跆拳道种类多种多样,但这些运动有一个共同点,就是在运动或高速运动中要求运动者既能对外界物体做出迅速准确的感知和判断,又能够感知并调整自己的身体,以完成舞蹈动作。经常参加这项运动能够发展自身的感觉能力和知觉能力,提高知觉判断能力,获得更快的反应速度,使人更加灵敏。同时,能够锻炼人的记忆力、判断力和思维能力。

在跆拳道这项运动中,个体能够感知直接作用于感觉器官的动作、音乐以及指导员给予肌肉、神经等的刺激。同时在思维和指导员的共同作用下,个体能在大脑中创造尚未做出的动作形象,以此达到创造新动作的目的。

在智力层面,认知能力是智力的表现和反映,一般可以通过认知能力判断智力水平。长时间参加跆拳道这项运动对于提升智力有很大的帮助。参加跆拳道训练能够促进个体的注意力、记忆力、想象力、反应能力和思维能力的提高,同时能使个体情绪更加稳定,并养成开朗的性格。

(二)跆拳道与动机

跆拳道是一项以锻炼身体为基础娱乐身心的健身运动项目。在跆拳道这项运动中,个体对于训练环境和指导员的业务能力等有种好奇心理,这种好奇心理就是动机。动机是指个体参加活动时的内部动力或心理因素。它的意义就是推动个体参加活动,并将活动导向一定的目的,以满足个体的需求。

由于个体的成长环境各有差异,个体的个性心理也有所不同。这就决定了参加跆拳道这项运动时的心理需要、动机层次、动机指向以及动机指向的深度和广度都有所不同。如有人参加跆拳道这项运动是为了锻炼身体,也可能是在朋友的带动下参加。

一般来说,在某一时刻最强烈的需要就是最强动机,最强动机对个体行为的推动作用更强。在跆拳道这项运动中,个体的参与动机不只有一个,而且会发生变化,一般是多个动机共同发挥作用。

参加跆拳道的动机一般有以下几种。

一是满足精神需求。

二是锻炼身体。

三是休闲娱乐和寻求刺激。

四是丰富自身社会经验,维护现有友谊并认识新朋友。

五是锻炼意志力。

六是丰富审美情趣或保持身材。

（三）跆拳道与情绪、情感

情感充斥在日常生活的每时每刻中，但在多种因素的影响下，情感会通过复杂的心理情绪表现出来。情绪是人对事物态度的体验，它反映了个体需求的满足情况。

有研究表明，参加一次跆拳道运动或是长时间参加跆拳道运动，都会给情绪带来好的影响。在复杂的社会环境中，人们面临各种压力会出现紧张、焦虑、忧郁、压抑等不良情绪。跆拳道中的情感体验非常强烈，因此它对个体心理有很大的影响。跆拳道中的每一个项目都是复杂情感相互交融、相互感染的，能够转移个体的不良情绪。这些复杂的情感体验对个体的情感调节能力的提高和情感成熟有明显的促进作用。因此，在日常生活中，人们可以通过参加跆拳道调节自身情绪。

在情绪调节方面，跆拳道的作用有长期效应和短期效应两种。相关研究发现，短时间参加跆拳道运动对于改善紧张、焦虑和抑郁等不良情绪有显著效果；长时间参加跆拳道运动，能够提高个体的社交能力和沟通能力，改善人际关系，个体能够产生亲近、信赖和谦让的心理感受，从而在心理上建立起归属感和安全感，对社会的适应能力会更强。

（四）跆拳道与意志品质

参加跆拳道这项运动能够使个体的意志品质更加坚强。坚强的意志品质是克服困难、完成各种实践活动的重要条件。培养坚强的意志品质需要两个必备条件，一是明确目的，二是克服困难。这就要求跆拳道要具备这两个条件。

在跆拳道这项运动中，个体要有明确的目的。在学习和训练过程中要克服恶劣的天气条件、不断提升的动作难度等客观困难和畏惧心理、身体疲劳和运动损伤等主观困难，这就需要个体要具有足够坚强的意志品质。

对于大学生来说，参加跆拳道运动是锻炼意志品质的重要手段。跆拳道中对意志品质的教育表现为在行动中不畏挫折和失败，不惧困难和障碍，凭借顽强的毅力实现最终目标。跆拳道这项运动还能提升个体的整体精神面貌，陶冶情操，并通过音乐提升这项运动的生机与活力。

二、运动员运动技能学练的心理过程

（一）感知过程

1. 运动与感觉系统

（1）视觉

在跆拳道运动中，无论是在训练时还是在比赛时视觉对于跆拳道运动员来说都是非常重要的，在训练时手拿练习器材，在比赛时捕捉对手，这都需要视觉的帮助。

（2）听觉

并且跆拳道运动也离不开听觉的帮助，听觉能够在一定程度上刺激动觉中枢的兴奋度，当动觉中枢兴奋度提高时，会产生强有力的节奏感，这样能够引发听觉和动觉的联合知觉，联合知觉能够帮助运动员感知新的技术动作，并且有助于运动员学习新的动作技术。

2. 运动与知觉系统

（1）空间知觉

其中方向知觉和距离知觉都属于空间知觉，运动员可以借助方向知觉和距离知觉掌握动作技术的正确位置。

（2）运动知觉

自身运动知觉与对外界物体运动知觉这两种知觉都属于运动知觉。在技术学练中，良好的运动知觉有助于运动员把握正确的动作要领以及动作时间、空间变化，可促进运动员技术水平的提高。

（二）记忆过程

运动员在训练时，需要一个动作重复练习多次，这主要是为了加深记忆，所以在跆拳道运动中每一个动作都是和记忆有联系的。运动记忆主要是靠人体肌肉活动而产生的，因此运动记忆和其他记忆是有着明显的不同的。

运动记忆分为长时记忆和短时记忆，短时记忆是指当停止某一动作练习后，随着时间的变化遗忘的速度也会发生变化，遗忘的速度是先快后慢，但是记忆的内容并不会全部忘记。长时记忆是指当学习一项技能后，在熟练掌握后能够记忆相当长的一段时间。运动员的长时记忆能使其形成良好的动作自动化。

三、影响运动员跆拳道训练的心理因素

在跆拳道运动中,很多潜在的心理因素都会影响运动员的训练,其中主要受以下几方面因素的影响。

(一)心理定向

心理定向主要是指在运动开始前以及运动完成后,内心的建设和注意的事项是具有指向性的。在跆拳道运动中心理定向是十分重要的,心理定向能够帮助运动员提高动作技术。

运动员掌握准确的心理定向能够使动作完全符合技术特点,这主要是因为运动时头脑中已经呈现出了完整的动作模式,身体会根据大脑呈现的模式进行行动。在跆拳道运动训练的过程中,运动员选择不同的运动方法会产生不同的心理定向,不同的心理定向也会影响不同的技术,这主要是因为运动员注意力集中点不同。所以正确的心理定向对运动员具有重要的影响。

(二)情绪

心理学研究表明,良好的情绪对于人的活动能力有显著的提高作用。一般来说,它能提高人的运动能力,焕发人的精神,增强人的力量,提升人的主动性和承受能力。不良的情绪则会让人精神萎靡、无精打采、注意力不集中。在跆拳道运动中,情绪同样具有重要作用。跆拳道运动是一项充满生机与活力,洋溢着热情的运动项目,跆拳道运动需要借助运动员的情绪来感染观众的情绪。这就要求运动员在运动的过程中要时刻保持愉悦的心情。

在跆拳道这项运动中,训练往往是枯燥的,有许多动作技术是需要反复练习的,如果运动员情绪不稳定,自我控制能力弱,心慌意乱、忧心忡忡,将难以完成技术动作。良好的情绪可以起到"增力"作用,能够使运动员充满力量,而不良情绪会造成运动员精神不振,"减力"的作用是显而易见的。因此,在跆拳道运动中良好的情绪是跆拳道训练的关键,运动员的情绪稳定,情绪高昂,将获得良好的运动效果,还有利于运动员运动水平的提高。

(三)意志

跆拳道运动能使其参加者的意志品质更加坚定,意志与行动之间具有密切的关系,坚强的意志品质又会对跆拳道运动产生积极影响,坚定的意志能够帮助运动员实现自己的目标,并且还能够帮助运动员克服困难,跆拳道运动员坚

定的意志品质主要表现在动作技能的掌握、运动成绩的提高和身体素质的提高等方面。

首先，肌肉在跆拳道运动中比在平时生活中的紧张程度更高，要在不同的训练场地或者不同的比赛场地上完成动作，并要在不同场景和不同的困难条件下完成动作，这就要求运动员要具有坚强的意志品质支撑其克服困难。

其次，在跆拳道这项运动中，需要运动员的机体各系统全面运转，运动员需要注意力高度集中，这样很容易使运动员产生疲劳感，甚至还会发生运动损伤，所以运动员需要凭借自身的意志力克服来自内部和外部刺激的不良影响。

最后，初学者在跆拳道训练的初期，会遇到一些比较难完成的动作，这时他们会产生畏惧的心理，如果这时运动员能够产生坚定的意志，就能够增强自信心，并且能够顺利完成训练。

（四）智力

人的智力影响着人身体活动的方方面面，跆拳道运动也不例外。跆拳道运动需要运动员用敏锐的观察力、精准的记忆力、丰富的想象力完成不同难度动作的创编和练习，如果智力没有得到很好的发展，身体的活动能力就会受到限制，因此，智力的发展与身体活动能力的发展在跆拳道运动中存在非常密切的关系。对于一个优秀的跆拳道运动员来说，表现力、创新力、思维能力等都是必不可少的，要在成长过程中重视智力的发展。

第三章　跆拳道训练的科学原理与方法分析

跆拳道运动技能的提高主要是通过训练来实现的，跆拳道训练的效果如何，主要取决于运动员是否遵循了科学的训练原理与原则，采用了有效的训练方法。本章主要就跆拳道运动训练的科学原理与方法进行研究，通过为跆拳道运动员技能训练提供科学的指导，促进其训练效果的提高。本章分为跆拳道训练的基本原理和主要原则、跆拳道一般训练方法、跆拳道专项训练方法三部分。

第一节　跆拳道训练的基本原理和主要原则

一、跆拳道训练的基本原理

跆拳道训练的主要目的是进一步发展和提高运动员的运动能力，提高运动员的专项成绩。一般将跆拳道训练理论的研究内容归纳为"练什么、怎么练、练多少"，具体来说，就是将跆拳道训练的内容、方式和负荷三个方面的问题确定下来。

（一）跆拳道训练的生理学原理

1. 物质代谢

生命活动的基本特征即人体内的物质代谢。跆拳道训练中的物质代谢有糖代谢、脂肪代谢、蛋白质代谢和水代谢。

（1）跆拳道训练与糖代谢

跆拳道训练过程中会大量消耗能量，因此，在训练前和训练过程中进行糖的合理补充能够有效提升训练效果。一般地，在训练前半小时或两小时补充糖效果是最好的。另外，在训练过程中，最好每半小时饮用一次低浓度的含糖饮料。

在安静状态下，正常人的血糖值往往会处于 3.959 毫摩尔/升。而参加跆拳道训练的人会因为运动内容和强度的不同而造成血糖水平产生不同的变化趋势。

（2）跆拳道训练与脂肪代谢

一般来讲，人体获取脂肪主要通过以下两个途径：其一，食物；其二，体内糖或蛋白质的转变。脂肪对于人体有着非常重要的作用和意义，比如，脂肪是构成人体组织的结构成分，皮下脂肪具有有效维持体温和御寒的作用，除此之外，脂肪还能有效保护身体器官，有效避免体温散失的情况，跆拳道的运动供能是有氧与无氧的结合。因此，脂肪供能只能够在当氧气充足的情况下才能被动员，而随着运动时间的逐渐延长，也会随之增加脂肪的供能比例。所以，长时间的跆拳道训练不仅可以有效提高肌体氧化利用脂肪酸的能力，还可以升高血脂，使得血浆中 LDL 含量减少的同时增加 HDL 含量，除此之外，长时间进行跆拳道训练还有助于减少体内的脂肪，有效改善身体的成分。

（3）跆拳道训练与蛋白质代谢

人体所需的蛋白质，往往都是从摄入的食物中获取的。蛋白质由多种氨基酸组成，并且在人体内发挥着重要作用，一般而言，蛋白质是肌体的能源物质，不仅能够有效对细胞成分进行建造、修补和重新合成，稳步实现细胞的自我更新，还能够合成一些生物活性物质，比如酶、激素等，使体液平衡和酸碱平衡得到有效维持等。在跆拳道训练过程中，必须合理补充蛋白质，从而保证理想的训练效果。

（4）跆拳道训练与水代谢

水在人的身体内占有相当大的比重，是细胞和血液的组成部分之一。水在人体中具有非常重要的生理价值，能够促进新陈代谢完成，调节体温，避免体温过高的情况发生等。

2. 能量供应

（1）磷酸原供能系统

①磷酸原供能系统的特点。从一开始就启动了磷酸原供能系统，这是肌体快速供能的基础。除此之外，磷酸原系统具有非常大的输出功率。最大供能强度运动时间能够维持在 68 秒左右。

在跆拳道的教学中，运动强度会随着场地的情况而发生变化。所以，磷酸原在这一影响之下也会发生相应变化。

②跆拳道会影响磷酸原系统。跆拳道会在一定程度上影响磷酸原系统，一般而言，具体表现在以下几个方面。

其一，运动过程对 ATP 酶的活性产生了一定影响，可以有效提高酶的活性。

其二，速度可以使肌酸激酶的活性得到提高，并且可以有效提高 ATP 的转换速率和肌肉最大输出功率，这对跆拳道训练中的运动员来说，不仅有利于提高其速度素质，还可以重新合成恢复期 CP。

其三，跆拳道训练可以在一定程度上增加骨骼肌 CP 的储量，有效提高磷酸原的供能时间。

其四，跆拳道训练不会严重影响骨骼肌内的 ATP 储量。

（2）无氧代谢与有氧代谢供能系统

①无氧代谢。无氧代谢即糖酵解，是糖原或葡萄糖无氧分解为乳酸，合成 ATP。糖酵解供能是一个主要的能量系统，以供肌体进行剧烈运动。

②有氧代谢。所谓有氧代谢，即糖、蛋白质以及脂肪在氧气充足的情况下氧化生成二氧化碳和水的过程。有氧代谢供能一般可以分成两个阶段，即细胞质内反应阶段和线粒体内反应阶段。不同的供能物质在有氧代谢中都会产生不同的功率、不同的维持时间以及不同的产物，如表 3-1 所示。

表 3-1 运动时有氧代谢供能情况一览表

	糖	脂肪	蛋白质
底物	葡萄糖、肝糖原、肌糖原	脂肪	支链氨基酸
最大的供能功率	0.5 毫摩尔 Pi/千克干肌/秒	0.25 毫摩尔 Pi/千克干肌/秒	—
维持时间	1~2 小时	无限时	—
终产物	—	—	尿素

③二者的区别。无氧代谢与有氧代谢的不同之处如表 3-2 所示。

表 3-2　无氧、有氧氧化比较

	糖酵解	有氧氧化
底物	肌糖原、葡萄糖	肌糖原、葡萄糖
产物	乳酸	二氧化碳、水
反应部位	细胞质	细胞质、线粒体
反应主要阶段	① G（Gn）→丙酮酸 ② 丙酮酸→乳酸	① G（Gn）→丙酮酸 ② 丙酮酸→乙酰辅酶 A 乙酰辅酶 A →
氧化方式	脱氧	脱氢
反应条件	不需氧	需氧
ATP 生成方式	底物水平磷酸化	底物水平磷酸化、氧化磷酸化
ATP 生成数量	3ATP、2ATP	36（38）ATP

3. 饮食安排

在进行体育训练之后，体能会有大量消耗，切记不能马上进食。马上进食会导致肠胃蠕动减弱，消化液分泌减少，进入胃内的食物不能进行消化与吸收，会滞留在胃中。容易出现胃痉挛或者胃黏膜的牵拉，甚至还会诱发各种消化道疾病。

因此，在进行体育锻炼的过程中，一定要注重科学地饮食，这样可以更好地维持身体的平衡，起到强身健体的作用。

（1）补充优质蛋白

蛋白质是人体的组织细胞的重要组成部分，饮食过程中一定要适当地补充蛋白质。由于蛋白质不能在身体内合成，只能依靠饮食才可以获取，因此在进行体育锻炼中，一定注意补充优质蛋白，确保身体机能的正常运转。

（2）充足的食物补给

不管是否进行体育锻炼都应该保障有充足的食物补给，这样才可以满足人一天之内的能量消耗。尤其是对进行体育锻炼的人来说就更加重要。可以从肉类、豆类等食物中进行补充。

（3）补充无机盐与维生素

无机盐是人体的必需的营养物质，维生素也是人体内的不可缺少的有机化合物。它们都可以维持人体的有机平衡。豆制品、虾皮、海带、新鲜的水果等都富含无机盐与维生素，可以在饮食中着重摄取这类食物。

（4）形成良好的饮食习惯

①重视早餐的重要性，改正早餐的不良习惯，注意早餐的科学搭配，营养均衡。

②注意科学饮食，食物来源多样化，切记饥一顿，饱一顿的饮食习惯，改正挑食的习惯。

③应养成良好的饮食习惯，注意饮食卫生，保持餐具的清洁与卫生。

④每天三顿饭都要定时定量地吃，尽量保持食物的多样化，这样才会保证各种营养均衡，另外不能暴饮暴食。

4. 训练时间

体育训练需要根据个人的身体素质以及生活习惯来具体问题具体分析。对于大部分的体育训练生来说，运动与训练的时间一般集中在清晨、下午与傍晚这三个时间段。训练时间并不是固定的，每个人可以根据自己的实际情况来进行具体选择。

（1）清晨

清晨作为一天的开始，不但头脑清晰而且空气也比较清新，有利于人的新陈代谢，可以有效地提升训练的效果。清晨运动可以有效地提升大脑皮层的兴奋性，不管是对运动还是对生活与工作都是有益处的。

清晨运动大多数是在空腹状态下进行的，清晨的运动量不适合过大，时间也尽量缩短，否则就会出现低血糖等现象，对人的健康产生危害。虽然清晨运动的好处比较多，但是对于生活比较紧张的人来讲，也没有必要一直坚持清晨运动。

（2）下午

下午训练主要适合下午有时间的人群，比如学生与老年人。经过一段时间的学习或者是得到一定时间的休息之后，可以选择在下午进行训练，下午的训练的强度可以适当增强。学生可以选择做游戏或者打球，老年人可以选择跑步或者是打门球。

对于有心脑血管的病人来说，最佳的运动时间就是下午，可以有效地避开心脑血管疾病的发病高峰期。

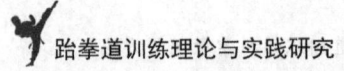

（3）傍晚

对工作与学习比较紧张的人来说，傍晚是最合适的训练与运动时间。既可以帮助锻炼身体，又可以促进消化与吸收。傍晚的运动强度不宜过大，主要以散步为主，运动时间也不宜过长，时间以 1 小时为准，尽量不要超过 1 小时。否则会对身体健康造成危害，还会影响深夜的睡眠质量。

（二）跆拳道训练的心理学原理

1. 跆拳道训练与个体的动机

动机是个体的内在过程，行动可以说是其动机的结果所在。动机的作用十分明显，一般表现为始发作用、强化作用以及指向或选择作用三个方面。

通常情况下，可以按照需要的性质，来将动机分为生物性动机和社会性动机；也可以按照兴趣的特点来将其分为直接动机和间接动机；还可以按照情感体验将其分为缺乏性动机和丰富性动机；按照动机来源，将其分为内部动机和外部动机，运动员的动机往往会受到需要和环境两个方面因素的影响，这就要求教师在跆拳道训练过程中，对运动员的不同动机加以分析，并且以此为依据来有针对性地采取相应的教学方法来强化运动员的动机，并积极创造条件使运动员达成这种学习动机，从而能够更好地完成跆拳道教学任务。

2. 跆拳道训练与个体的心理因素

（1）跆拳道训练与情绪

情绪会对跆拳道运动员专项技能的发挥产生重要影响。具体来说，良好的情绪，会促使运动员正常甚至超常发挥出其技能水平；而如果情绪状态不佳，则往往会导致专项技能水平发挥失常。

（2）跆拳道训练与意志品质

意志品质是一种精神，体现了个体的果断性、自制力等。一般情况下，意志品质的形成必须在克服困难的状况下才能够实现。跆拳道训练过程能够有效促进运动员意志品质的培养和强化。

（3）跆拳道训练与智力能力

智力能力是构成智能的一个重要因素，其中包括以下基本因素：组织能力、操作能力、适应能力、计划能力、创造能力等，并且能够保证人们在参加实践活动时有一个稳定的心理特点。智力的发展与身体活动能力的发展有着较为密切的关系。在进行跆拳道训练时，要想取得理想的训练效果，运动员必须具备以下几项智力因素，其中包括记忆能力、观察能力、思维能力等。

3. 跆拳道训练与认知心理学

随着人出生，其认知能力也产生了。人的认知能力受到很多因素的影响，而跆拳道训练也是其中的一个重要方面。比如，跆拳道训练，能够使运动员的智力、注意力、记忆力、反应能力、思维能力和想象能力等得到有效提高，同时，还能够起到有效稳定情绪，保持性格开朗，降低疲劳感等显著作用。

（三）跆拳道训练的社会学原理

人的社会化，实际上就是社会将一个"自然人"教化为一个"社会人"的过程，跆拳道训练的社会价值和意义十分显著，主要体现在以下几方面。

1. 帮助运动员更好掌握生活技能

一般而言，个体的生活技能范畴包括生活和生产技能。人们处于不同的发展阶段，生活技能掌握和学习的侧重点也是不同的。

体育运动包含着非常丰富的内容，身体练习就是其中的一种，并且也是跆拳道教学的一个基本手段。由此可见，跆拳道训练过程中的身体练习，不仅能够有效提高运动员的体质水平，还能够使其专项技能得到有效提升，这也在一定程度上为运动员对生活技能的掌握奠定了坚实的基础。

2. 较好培养运动员的社会角色

处于社会中的人们，都有着不同的角色定位，这能够有效促进人的社会化。同样，跆拳道训练也可以在一定程度上培养运动员的社会角色。比如，跆拳道训练能够有效约束运动员的行为，使他们在社会规定的范围内活动；跆拳道训练能够有效增强运动员的情感体验；跆拳道训练的顺利实现可以借助于教师的示范和运动员的模仿来完成。

3. 帮助运动员学习和掌握社会文化

社会文化具有社会规范和价值体系两个方面的核心，这也体现了跆拳道训练的重要价值。一方面，跆拳道训练对社会规范有重要影响；另一方面，跆拳道训练也在一定程度上影响着运动员价值体系的形成。

4. 帮助运动员形成社会需要的个性

所谓个性，即根据其生理素质和心理特点，个体在一定的社会历史条件下、在社会生活实践中逐渐形成的观念、态度、习惯和行为。个性具有比较广泛的范畴，其中包括兴趣、信念、能力、气质、动机等。

一般来说，遗传生物因素和内在环境因素都会不同程度地影响个性的形成。对于运动员来说，跆拳道训练对其社会需要的个性的形成以及胜任相应的社会角色都会起到积极的促进作用。具体表现为，跆拳道训练具有显著的主动性、实践趣味性、直接参与性等特点，由此能够有效促进运动员自主性的提高，与此同时，也可以积极培养和建立运动员良好的意志力和集体主义精神。

（四）跆拳道训练的周期训练原理

周期性是运动训练的一个基本规律，系统地重复包括训练课、小周期、中周期、大周期在内的各个完整的训练单元，是其实质所在。在周期的基础上安排跆拳道的训练，事实上即训练任务、方法和手段系统化的一个过程，这为其连贯性提供了重要保障。

具体来说，周期性训练理论主要涉及以下几个方面的基本原理。

1. 训练适应原理

所谓训练适应，就是身体不断地与施加负荷的外部环境保持平衡的过程。

（1）训练适应的特征

①普遍性。其实，在机能、心理、形态等方面，肌体都会出现一定的训练适应现象。

②特殊性。一般是指不同性质的运动负荷所引起的具有特殊性的适应性变化。

③异时性。肌体对运动训练的适应性变化并不是一蹴而就的，而是需要在一定时间的保障下才能够实现，但是这里需要强调的是，肌体各个方面的训练适应现象出现的时间是存在着较大差异性的。另外，肌体在机能上的适应性变化一般要早于结构的适应性变化。

④连续性。由于肌体本身具有显著的异时性特点，这一显著特点在形态机能、运动素质、技术、战术、心理等方面的适应上都有所体现，这也在一定程度上决定了肌体全面适应形成的方式是渐进积累的。一般情况下，随着肌体对某一运动负荷形成训练适应之后，反应会越来越不显著，最终，竞技能力的提高会终止。鉴于这种情况，就需要不断增加运动负荷，从而能够更深入地发展肌体各方面的训练适应。

（2）训练适应的作用

训练适应能够逐渐提高人体的机能。正是由于适应过程的存在人体的机能才得以不断提高。机体在适应的过程中，对肌肉活动的训练适应往往表现为能量的最小消耗、内部环境的最小破坏、肌肉能源物质的平稳运行，从而能够更好地完成训练任务。由此可见，过去需要很多努力来完成的工作，如今可以用更少的努力来完成。这样，机体能承受的运动负荷就越大，从而能够使人体的机能得到更好表现。

2. 疲劳与恢复原理

运动恢复，实际上就是在运动训练中，肌体承受运动刺激并产生肌体内部生理和心理效应的变化过程，冲击运动员的"生理极限"，从而使运动员的内在潜力得到最大化挖掘。

在运动过程中，负荷是引起疲劳的直接原因，当肌体出现疲劳后，肌体的状态就会明显下降，要想使肌体的机能得到有效恢复，就必须尽快恢复体能、消除疲劳，从而使其能够进一步承受新的、更大的运动负荷。

3. 竞技状态的形成原理

竞技状态，本身是处于不断发展变化的状态之下的，因此，其形成与发展需要经历一定的阶段。

（1）竞技状态的形成与发展

①第一阶段：竞技状态的初步形成阶段。一般情况下可以将这一阶段分成两个小的阶段，即"形成竞技状态前提条件阶段"和"初步形成竞技状态阶段"。

②第二阶段：竞技状态的发展与保持阶段。这一阶段的主要任务在于，使竞技状态得到有效的保持和发展，使运动员在参加重大比赛前，通过各种手段和方式来实现最佳的竞技状态。

③第三阶段：竞技状态的暂时消失阶段。竞技状态在这时会有暂时消失的状况出现，运动员在这时也会逐渐进入调整和恢复阶段，换句话说，这也是在为下一次竞技状态周期的进行做准备。

（2）竞技状态的构成因素

①稳定性因素。指在生理、心理、形态等方面运动员具备的状态。因为这些状态都是运动员经过很长一段时间形成的，所以可以说是不容易消失的、比较稳定的因素。这些因素可以在很大程度上促进运动员体能和心理能力的发展。

②不稳定性因素。指中枢神经系统的工作能力。一般而言，这一工作能力能够使中枢神经系统变得异常紧张、兴奋和集中，同时还能够有效地进行兴奋与抑制之间的转换，并且还能够迅速在外界因素的影响之下做出相应改变。这类因素在很大程度上影响了临赛前的竞技状态。

尽管上述这两类因素不一样，但是它们之间的关系十分密切。人的运动器官和各内脏器官的工作，主要是由中枢神经系统支配的。中枢神经系统的高度兴奋和紧张会在很大程度上激发运动员的意志、力量和速度。由此可见，运动员要想具备良好的竞技状态，这两个因素就必须具有较高的水平。

（3）竞技状态的表现方式

①从竞技状态表现的时间看，一般可以将竞技状态表现时间分成长期、中期、短期和瞬时竞技状态。所谓长期竞技状态，即年度训练中竞技状态表现的平均水平或最高水平。中期竞技状态是指年度训练中各个训练时期和阶段所表现出的竞技状态。所谓短期竞技状态，即周期训练中各小周期训练所表现出的竞技状态。所谓瞬时竞技状态，即比赛进行中所表现出的竞技状态。

②从竞技状态表现的对象看，一般可以将竞技状态的表现对象分成个体和集体两种。个体竞技状态是指一个运动员个体所表现出的竞技状态。集体竞技状态是指集体运动项目中由若干个运动员组成的一个运动员群体，由于相互间的联系而表现出的整体性的群体系统的竞技状态。跆拳道竞赛所需要的就是这种集体竞技状态。

（五）跆拳道的训练调控原理

训练调控原理，包含着几种具体的原理，其中主要有以下几个方面。

1. 应激性原理

（1）应激的定义

在运动训练中运用应激学说，具有非常重要的作用和意义，具体来说，能够阻止肌体衰竭过程的发生，以及避免过度训练。

（2）应激的特点

运动应激是非特异性的一种反应，以下对三个阶段的非特异性的应激反应进行分析。

①动员阶段。各系统全面动员，可以加快心率，增加肝糖原的分解等。在跆拳道项目训练的过程中，不但增加了血尿素，也增加了尿胆原。

②适应阶段。在这一阶段对激素源呈现代偿反应，心率减慢，肾上腺皮质肥厚，加强合成代谢，减少晨血尿素的同时增加了血红蛋白，这时表明已经逐渐进入了适应阶段。

③衰竭阶段。如果激素源继续发挥强烈的作用，那么适应阶段就会逐渐消失，动员阶段也会继续变化，直到出现功能障碍和训练过度。

2. 恢复性原理

（1）恢复的定义

一般来讲，各个阶段的任务在运动训练之后的恢复过程中都是一致的，但是，也存在着不同之处，比如，恢复时间上，也就是所谓的异时性特征。具体来说，这一显著特征主要表现为，不同的能源物质、运动负荷、器官以及不同训练水平的运动员的恢复速度都是有一定的差异性的。

在运动训练的恢复过程中，肌体各种机能恢复和超量恢复的发生时间也存在着一定的差异性。依据恢复过程的规律，一般来讲，在运动训练中会出现两种不同的恢复类型。一种是完全恢复，另一种是不完全恢复。

（2）恢复的作用

在运动训练中，按照恢复的性质可以将其分成生理恢复和心理恢复两种。其中，年龄、性别、经验、运动状态、训练程度等都会对生理恢复产生一定影响。当人体中枢神经系统恢复之后，运动员不仅会具备更加集中的注意力，还会展现更加准确的动作，并且还能够迅速地对内外部的刺激做出反应，从而展现最高的工作水平。

3. 超量恢复原理

所谓超量恢复，即运动后的恢复过程，被消耗的能源物质含量不但可以恢复到原来水平，而且在一段时间内可以超过原来的水平。在训练调控的过程中，超量恢复理论起着至关重要的作用。具体可以从以下几个方面得到体现。

一方面，超量恢复实际上是肌体对运动负荷产生训练适应的第一阶段，能够在一定程度上体现其预防性、保护性机制。另一方面，超量恢复能够为肌糖原填充法提供必要的理论依据。

4. 运动负荷训练原理

运动负荷本身就有着较为鲜明的特点，这可以从很多方面得到有效体现，比如，负荷水平的极限化，负荷内容的专门化、定向化等。

二、跆拳道训练的主要原则

（一）提高自觉性和积极性原则

运动训练原则充分反映了运动训练过程中的客观规律，总结和概括了运动训练中的普遍经验。运动训练过程中的客观规律是不以人的主观意志为转移的，在长时间的运动训练实践中，人们通过实践和科学研究逐渐对这些规律进行认识和发现，目的是对运动训练实践加以指导。尤其是随着运动训练的不断发展，竞技能力与水平的不断提高，特别强调要进行科学训练，而科学训练的实质就是要求按训练过程的客观规律去进行训练。由于运动训练原则反映了训练过程的客观规律，在训练中遵循训练原则就是遵循训练过程的客观规律，可以说这就是科学训练。

因此，训练原则对训练实践的指导作用，主要表现在指导人们在训练中按照客观规律办事，进行科学训练。违背训练原则就是违背客观规律，这必然会对训练的效果产生严重影响，甚至导致训练失败。

提高自觉性和积极性是运动训练过程中的一个重要原则，其依据主要有以下几点。

①运动训练过程不仅是一个提高运动技能的过程，还是合格运动人才培养的过程。

②运动员的竞技能力中，也包含运动员的思想作风，而自觉性和积极性正是运动员思想作风的重要内容。

③根据需要与人的行为相统一的原理，动机是运动员提高创造性的前提，只有激发运动员的动机，才能产生最好的训练和比赛行为。

④在运动训练的过程中，运动员只有自觉、积极训练，才能使教练员的指导以及其他保证训练的一切条件真正发挥作用。

⑤运动训练过程中，运动员的机体要承受极限负荷才能完成训练计划和比赛任务，运动员如果没有一种自觉从事艰苦训练的思想，是无法承受这种大负荷训练的。

在贯彻这一原则时，应注意以下几方面的基本要求。

①在整个训练过程中，教练员都要运用启发教育的手段，采取各种有效措施，使运动员逐步形成对训练目的与任务的正确认识，对训练树立自觉、积极的态度，并不断提高他们自觉、积极的程度。

②通过训练的内容、手段和方法引起运动员对训练的兴趣。

③只有当运动员了解训练的具体任务和要求时，才会自觉而积极地去完成这些训练，并努力按照要求去做。

④教练员确定训练任务、选择训练内容、安排运动负荷等都要符合运动员现有的训练水平，其要求过高或过低，都会影响他们的自觉性和积极性。

⑤定期或不定期地进行成绩检查和考核，培养运动员进行自我分析和评价的习惯与能力。

该原则贯彻的关键在于教练员的引导，要逐步、有计划地结合运动员的特点，提高他们的自觉性与积极性。

（二）促进全面发展原则

为了贯彻促进全面发展原则，教练主要应做到的内容如下所示。

①在训练工作计划制订和教案编写方面，对于运动员的身体练习时间，应安排充足，并且注重运动员的心理发展。

②在跆拳道训练大纲精神方面，要做到认真学习和领会，其中的相关目标与要求，要做到全面贯彻。

③在跆拳道训练的准备、实施、复习、评价等阶段中，训练内容、训练方法、训练设计、训练评价等都应围绕促进运动员的全面发展来展开。

④树立现代跆拳道训练观念。该观念主要用于对跆拳道训练质量进行评价和衡量。该观念不仅具有一定的生物学价值，还具有心理学、教育学、社会学及美学的价值。

（三）循序渐进原则

该原则主要是指跆拳道训练要遵循由简到繁、由易到难的原则。该原则的运用应注意以下几点。

第一，制订科学的训练计划，合理设置训练内容。一方面，遵循由简到繁的顺序；另一方面，安排好与其他运动项目之间的连接，使训练项目之间过渡顺畅，在扎实掌握前一项目的同时，为后面的跆拳道项目奠定基础。

第二，有序提高运动负荷。运动负荷的提高，要循序渐进的原则，最好能做到波浪式、有节奏地逐步提高，另外，由于在机体方面，是需要一定时间来进行适应的，采用合理地利用超量恢复的方式，可以说是一种有效措施，以达到生理负荷提高的目的。

（四）巩固提高原则

古往今来的学习经验告诉我们，应当做到"温故而知新"，首先，无论是在遗忘规律方面，还是在运动条件反射建立与消退方面，均显示关于新学习到的知识和技能，是随着时间的流逝，而不断被遗忘的。其次，"用进废退"原理表明，所学习到的运动技能，通过利用反复练习的方式，对于体能、技能和运动能力几个方面的发展，均能起到促进作用。关于科学落实巩固提高原则，作为跆拳道教练应注意如下内容。

①合理安排训练计划方面。一方面，通过反复强化的练习方法，加强运动员跆拳道技能的巩固和提高。另一方面，制订合理的训练计划，防止运动员在密集的运动中出现过度疲劳，导致机体损伤。

②合理布置课外跆拳道作业。同其他学科一样，作为跆拳道教练要适当地布置作业，这样一来可以将课内课外结合起来，实现技能的巩固提高。

（五）科学负荷原则

要按照训练的任务和对象水平合理安排运动负荷，因为不同训练时期的任务不同，不同的运动员承受负荷的能力也不同，只有根据各个训练时期的任务和对象的水平安排运动负荷才合理。另外，负荷的加大要直至极限，这是因为只有极限负荷才能最大限度地刺激有机体，使其产生良好的适应性变化，从而满足训练和比赛的需要。

一般来讲，应按照以下两个原理来合理安排运动负荷。其一，超量恢复原理。即运动员在运动训练时承受一定程度的负荷之后，其有机体就会产生疲劳—恢复—超量恢复的过程。如果想要超量恢复有机体由于疲劳而产生的能量物质消耗，就必须给有机体一定的休息时间，交替进行有机体的负荷与休息，这就必须要对负荷做一个科学合理的安排。而且在一定范围内，负荷越大，那么刺激就会越深刻，也就会产生越高的超量恢复水平，因此还要有极限负荷的刺激。其二，生物适应的规律。有机体承担运动负荷是一个逐渐适应的过程，当有机体逐渐适应之后，如不再提高，机体就不会再有新的适应产生，同时也就不能提高机体的机能。只有在更加强烈的刺激之下，机体才能够产生新的适应，促进机能水平的提高，从而达到一个良好的训练效果。

在贯彻科学负荷原则时应从以下几点出发。

①一般而言，运动负荷加大是为了促进运动员训练水平、机能能力的提高。然而，负荷的增加是循序渐进的，要通过科学研究与训练实践，确定不同运动员所能承担的"最大负荷"，从而合理安排运动负荷。

②掌握负荷与恢复的关系，对二者之间的关系进行合理安排，使运动员消除疲劳，并逐渐提高运动员的竞技能力。

③处理负荷量和负荷强度的辩证关系，尽管相对于负荷量来说，负荷强度对机体产生了更大的影响，然而，只有在负荷量的基础上才能够适当地增加负荷强度，与此同时，当增加负荷强度之后，负荷量就不再保持很高的水平，使其呈现出一种有规律的波浪形的起伏状态。

④要根据跆拳道运动项目的特点、不同的训练时期和任务安排运动负荷。一般来说，准备期的负荷量大但负荷强度较小，而在竞赛期，负荷量减小的同时需要增加负荷强度，并进行一些高强度的比赛训练。

⑤加强医务监督，同时还要对运动员开展运动生理方面的知识教育，使他们能够将自我控制与运动负荷调整相结合，从而与教练员更好地配合。

（六）因材施教原则

在跆拳道训练活动方面，主要是围绕着训练对象展开的，在此之中，需要注意在不同运动员之间，该对象所具有的共性与特性。在跆拳道训练中，不仅要注意不同学习主体之间的差异性，还要注意统一主体处于不同阶段的差异性，最终做到因材施教，其具体做法如下所示。

第一，在运动员之间的差异方面，进行深入细致的研究和了解。首先，教练可以在学期前通过一些方式方法，比如说进行一些测试或开展座谈交流，来了解不同运动员在身体条件、兴趣爱好、运动技能等方面的差异。其次，作为教练应充分认识到每一个体变化和发展规律，举例来讲主要体现在，若是一些运动员在测评之中所显示出来的成绩，并不是很优秀，被认为运动天赋不足，但是对跆拳道运动充满热情，在平时课堂上积极地配合。该情况就要求教练要有长远的眼光，不仅要重视运动员的长期发展，还要重视其平时的提高。

第二，作为教练应引导运动员正视差异。首先，关于差异的存在，若是利用得当，所能起到的良性作用，不仅能鼓励运动员之间互相帮助，还能够培养他们的团队意识和集体精神；其次，由于运动员不仅在运动天赋上，还在对于跆拳道的认知了解上存在差异，所以，在跆拳道训练方面，教练需要重视并且贯彻个体差异性的原则。教练需要在了解运动员个体差异的基础之上，在训练过程中，一方面，向运动员讲解个体差异的存在；另一方面，引导运动员正确看待差异。最后，差异的存在是客观的，作为教练应充分认识到这一点，不能因此歧视天赋较差的运动员，教练应在因材施教的基础之上公平对待每一位运动员，对于天赋较好的运动员，教练也不能过分偏爱。

第三，采用因材施教的训练方法。关于跆拳道训练，在某一些训练内容之中，相关的项目，不能根据"等质分组"来进行训练，那么在这种情况之下，作为教练就要利用其他的方式方法，对于个体差异性的问题进行有针对性的解决。作为一名跆拳道教练，要尽量做到在课程中，不放弃任何一名运动员，并且不仅要使他们能够充分体验运动的快乐，还要能够在此基础上获得提高。

第四，在重视个体差异性的同时，还要注重与统一要求的有机结合。首先，其要求针对每一个阶段的运动员，都应该具有与之相对应的训练目标要求，关于这一点不是凭空出现的，而是由诸多专家学者共同研究得出来的，不能因为某一个运动员特殊性状况的存在，从而对其的要求在标准上有所降低。其次，立足于运动员个体差异的客观存在，作为教练在充分认识到这一点的同时，还需要从整个班级训练的角度出发，对运动员统一要求。

（七）专项训练原则

由于跆拳道训练内容，具有丰富、种类多样的特点，所以在进行不同的跆拳道训练内容时，其要求也不相同，作为教练应遵循专项训练原则，该原则的主要内容如下所示。

第一，应对运动员专门性知觉优先发展，投以足够的重视。感知能力和控制能力对跆拳道训练至关重要，为了实现更好地训练，关于运动员的这两项能力，应做到优先发展。

第二，不管是训练的方法，还是训练活动的设计，均要符合专项运动对运动员素质方面的要求。

（八）终身跆拳道原则

在进行跆拳道训练时，要注重遵循终身跆拳道原则，其相应的工作内容有两点：其一，培养运动员的终身跆拳道意识；其二，重视训练任务，以及运动员的长期发展，做到这两方面的统一。

从前者的角度出发，作为教练需要在训练过程之中，练就一双慧眼，不仅要能发现运动员的跆拳道爱好，还要在课程实践过程之中，找出运动员的技术特长，在此基础之上，对运动员加以引导和培养，以此激发运动员对跆拳道的学习兴趣，并且使运动员树立终身跆拳道意识，从而养成跆拳道锻炼的习惯。

从后者的角度出发，作为跆拳道教练，一方面，要重视运动员技能水平的提高；另一方面，还要考虑运动员的长期发展，这两方面与跆拳道教育的总体目标，具有一致性。另外，不要为了急于完成训练任务，而盲目增加运动员的运动负荷，这样做不仅会影响运动员的身心健康，产生不利影响，还不利于运动员对跆拳道保持长久的热情。

第二节 跆拳道一般训练方法

一、完整训练法

完整训练法是指在跆拳道运动训练的过程中，从动作的开始到结束，不省略其中的任何部分，进行整体训练的训练形式。完整训练法的优点在于能保证动作的连贯性与协调性，主要用于对动作概念的建立，便于运动员掌握完整的动作结构与各动作之间的联系。完整训练法的缺点是对学员来说难度较大，不易掌握。

在进行完整性训练时，运动员应注意以下两点。

①充分把握动作的节奏，做到快与慢的结合。也就是说在训练初期时，先熟悉并掌握动作的技术要点，再提升动作的速度和力度。

②对于难度较大、复杂性较高的技术动作，应先进行分解学习，然后在进行完整性的巩固训练。

在跆拳道的训练中，使用完整训练法进行训练可以促进运动员对于跆拳道动作的整体把握，提升运动员对动作使用的流畅度和完整度，保持整套动作的完整结构以及各个动作的内在联系。

二、分解训练法

分解训练法是将一套完整的动作分解成若干动作，运动员逐一练习，进而掌握整套动作的训练方法，该方法适用于难度较大的动作。分解训练法的优点在于能够化繁为简，有利于运动员对整体动作的掌握，缺点是由于动作的分解，运动员对动作之间的联系可能存在认知不足的问题。

在进行分解性训练时，运动员应注意以下两点。

①分解性训练适用于难度较高、较复杂的动作，在划分动作时要遵循人体运动的规律和动作特征，加强动作间的衔接训练。

②完成分解性训练后，建议还要进行一定的完整性训练，这样更有利于运动员对动作的熟悉和掌握。

在跆拳道运动的训练过程中，运动员需要加强对每个技术动作的掌握，尤其是一些难度较大、技术性较强的动作，将这些动作合理地划分成单个技战术，进行针对性的训练，可以在短时间内提升运动员动作的准确性和规范度，也更有利于运动员对整体动作的把握。例如，在旋风踢接侧踢组合技术的训练中，运动员从自然体开始,先左足蹬地,身体向右旋转,然而右足向右摆,左腿跟随右腿向右旋踢,下地再次顺势转体,右足再向正前方侧踢,这样分成几个环节来练习更有利于运动员对动作的规范掌握。

三、间歇训练法

所谓间歇训练法,即重复练习之间休息一定的时间之后再进行练习的一种方法。一般来说,训练的目的、训练的强度、运动员的训练水平和身体状况等都会在一定程度上决定练习间歇的时间长短。间歇性训练是一种通过严格控制间歇时间的方式来激发身体最大能量的训练方法,其间歇时间的长度由运动员的实际心率确定。间歇性训练法包含慢速间歇性训练和快速间歇性训练两种方式,更适用于高强度的运动训练,对运动水平和技术动作有明显的提升效果。间歇训练法的优点在于没有对特定人群的限制,适用于每一个人,并且间歇后的训练更能激发运动员的潜在能量,提升运动能力。

采用间歇训练法练习跆拳道,可以很好地训练运动员的耐力、爆发力及弹跳力。若想使运动员的耐力有所提高,在训练中就应将训练强度控制在低强度范围,并增加动作的重复次数;若想使运动员的爆发力有所提高,在训练中就应将训练强度控制在中低强度范围,对练习次数和组数的安排也应更多;若想更好地发展运动员的弹跳能力,则应安排高强度的训练。

间歇训练法不仅能提升运动员的运动水平,对运动员身体素质的提升也具有很好的帮助。例如,它可以增强运动员的肌肉力量,改善运动员的循环系统和呼吸系统,保护体内的内脏器官。

另外,在进行间歇性训练时,运动员还应注意以下几点。

①间歇休息并非静止不动。间歇休息时应该进行一些适量的舒缓运动,维持较低的运动状态而非静止状态,这样血管受到肌肉的按摩,可以及时地补充血液,排除体内废物,为接下来的运动做准备。

②运动员要在尚未完全恢复体力时开始下一组的练习。间歇性训练的训练原理是,热身运动后,身体先经过一个短时间的恢复,待体力还未完全恢复时加紧下一组的练习,使运动员承担更大的负荷,以此来激发身体体能,使体内新陈代谢始终保持在较高的水平。通常情况下,运动员的心率在120~140次/分钟时,就要进行下一组练习。

③控制好练习的强度。在间歇性训练中也可以进行有针对性的训练，这就需要控制好练习的强度，根据训练的具体要求，选择合适强度的大小和练习次数，持续练习，最终达到理想效果。

四、重复训练法

所谓重复训练法，即在训练过程中，在一定条件下，通过对某一动作进行同运动负荷和同间歇时间的重复训练的方法。通常，可以将重复训练法大致分为两种形式：一种是连续重复训练法；另一种是间歇训练法。重复的次数不同，那么对身体产生的作用也就不同，在巩固机能方面也是有所差别的。一般地，要以学生所能承受的运动负荷量和完成动作所需的练习量为主要依据来将重复次数的多少确定下来。

五、循环训练法

所谓循环训练法，即依据训练的具体任务，把原本设计的多项活动内容分成若干个部分，通过循环练习的方式进行循环往复的一个练习方法。从某种意义上来说，循环训练法实际上就是一种将重复法、间歇法等一系列练习方法综合起来的方法，其是根据学生自身的负荷指标来逐渐提高负荷量，最终达到有效增强体质的目的的。

循环训练法具有非常重要的作用，主要体现在运动员肌力、心肺机能的增强，以及身体素质的发展和提升等方面。

六、变换训练法

在训练过程中，根据特定的目的来变换练习负荷、动作组合，变换练习环境和条件等，从而更好地进行跆拳道项目的训练，就是所谓的变换训练法。由于变换训练法涉及的因素比较多，也就决定了其具体形式是多种多样的，其中，变换动作要求、变换动作形式、变换动作组合、变换运动量、变换训练器材、变换训练环境等，是最为常见的几种。

一般可以将变换训练法分成间歇变换训练法和连续变换训练法两种。在跆拳道运动训练中运用变换训练法，往往能够使运动员中枢神经系统的协调性和肌体调节的灵活性得到有效改善。

七、比赛训练法

所谓比赛训练法，事实上即一种具有竞争性的、分胜负的训练方法，比赛训练法一般具有丰富多样的训练内容，教学比赛和适应性比赛等是最为主要的几个方面。比赛能够使运动员的跆拳道技术、战术和意识都得到有效提升。通过比赛，能够有效调动队员的积极性，可以充分激发运动员的斗志，使运动员能够积极向上、克服困难，这对于最终理想比赛成绩的取得是非常有利的。

八、心理训练法

所谓心理训练法，即借助心理学手段来提高运动员的心理素质和运动成绩的方法。心理训练法具有多种多样的形式，其中，表象、语言暗示、生物反馈等是较为常见的几种训练法，具体要根据实际情况来有针对性地加以选用。

第三节 跆拳道专项训练方法

一、击靶训练法

击靶练习是跆拳道踢法训练中的重要内容，主要由两名队员组成，其中一名队员持靶，另一名队员进行击靶训练。击靶训练的类型根据不同的标准有不同的划分：按照靶的类型可分为脚靶和护具靶；按照练习形式可分为固定靶和移动靶；按照练习要求可分为技术靶、战术靶和素质靶。总之，不同类型的击靶训练都具有不同的训练目的。通过一定的击靶训练，可以有效地提高运动员的攻防水平，锻炼他们的动作准确性和反应机敏性。

（一）脚靶训练

脚靶训练是运动员练习腿法的主要训练方式，所用脚靶是专门针对训练定制的，分为有柄脚靶和无柄脚靶两种。练习有柄脚靶主要用于提高运动员的腿法击打速度，练习无柄脚靶主要用于提高运动员的腿法击打力量。

（二）护具靶训练

护具靶训练是指在运动员身上穿戴好特质的加厚护具，让运动员进行击靶练习。这种训练方式可以有效提高运动员的目标感、距离感、时机感等素质，受到运动员的普遍欢迎。护具靶与脚靶训练不同，前者是将击靶目标穿戴在自己身上，目标会随身体的移动出现变化，因此要求运动分析好各种变化因素，对动作的击打力量也要进行适当的控制，而后者则需要运动员紧盯队员手中的目标，抓住时机，快速击打。

无论是脚靶还是护具靶，运动员在进行击打时都需要以较大物体为参照物，如果长期练习会影响运动员对距离的判断，造成误差，因此，脚靶训练和护具靶训练要交替进行。

（三）固定靶训练

固定靶训练是指运动员用各种踢法对固定在适当位置的靶子进行踢击，以此来提高运动员的动作速度和击打力度。若想提高动作速度，需要运动员在指定的时间完成一定次数的训练；若想提高击打力度，则需要运动员不断进行某一目标的击打训练。另外，还可按照比赛中常用的组合技术，布置固定组合靶的练习，如3至5名同伴手持不同高度，不同放置角度的脚靶站在一条直线上或不同方向上，由练习者依次踢靶。

（四）移动靶训练

移动靶训练又可称为"喂招"练习，需要教练员或队员手持移动靶，配合运动员进行技术练习。"喂招"练习既可以是单次"喂靶"，又可是两至三次为一组的"喂招"，以此来培养运动员的单次攻击和多次攻击的能力。除此之外，移动靶训练还可提升运动员的反应速度、距离感和击打的准确率。需要注意的是，在进行移动靶训练前，应先练习一段时间的固定靶，在积累一定基础和经验后，再开始移动靶练习。

（五）技术靶训练

技术靶训练是通过踢靶来体验和规范单个动作或组合技术的练习方法，运动员可采用原地练习的方式提高击打动作的质量、击打的速度以及击打的力度。

（六）战术靶训练

战术靶训练是根据假设的情况采取的有针对性的训练方法，其主要的训练目标是培养运动员优秀的战术意识，常进行以调动对手为目的或以模拟对手为目的的训练。

（七）素质靶训练

素质靶训练是一种以提高运动员动作速度、击打力量和专项耐力为主要目的练习方法。例如，提高速度素质，要求运动员在固定时间内完成某一动作一定次数的练习；提高力量素质，要求运动员在固定时间内尽全力完成一定数量的踢击练习；提高耐力素质，要求运动员在较长时间内进行单个或组合动作的重复踢靶训练等。

二、空击训练法

空击训练法是指运动员根据自身情况，制定一个假想目标和假想对手，然后运用某种攻防方法进行徒手空击，以此来实现模拟性实战练习。空击训练法的主观性和灵活性较强，运动员可以自己控制训练内容、踢法技术、训练时间、运动量的大小等因素。通过空击性训练，可以有效地提高运动员动作的协调性、步伐的熟练程度以及身法的灵活性，如果对着镜子进行练习，训练效果会更好。

（一）空击训练法的分类

1. 单个技术动作空击

通过对某一种攻防技术动作（腿法或防守动作）结合步法的反复练习，来提高动作质量和熟练掌握技术动作的水平。

2. 组合技术空击

将进攻和防守动作的运用方法，串联成组合的形式进行反复练习，来提高组合技术运用的协调能力及动作间的衔接转换速度。

3. 随机组合空击

随机组合空击，又称自由空击，它是运动员借助想象来假设对手将要采取各种行动，运用随机组合的技术动作，进行想象中的攻防练习，来提高技术动作的运用能力和临场应变能力。

（二）空击训练法的原则

空击训练法实质上是一种自我设计、自我假想的模拟训练法，在训练过程中需要遵守"四三二一"的练习原则。

1. 四个方向

运动员在练习中需要实现前后左右四个方向的移动。跆拳道是一个注重考验运动员反应能力和灵活能力的运动，在训练和比赛的过程中需要不断地移动和走位，而空寂训练法就是要强化运动员移动的主动性，令其善用空间的优势寻找攻击时机，伺机而动，并加强防守。

2. 三种形式

三种形式是指攻、防、反三种形式的即时转换，无论是进攻还是反击或者是防守，主动性是前提，必须做到有预案、有准备，攻、防、反运用自如，信手拈来。

3. 两个目的

两个目的：一是强化基本技术动作，完善自身战术体系；二是通过对自身优势的分析，不断筛选适合自己的战术战技，形成具有个人特点的绝招。

4. 一个能力

这一能力主要指的是运动员的临场应变能力。运动员技战术储备越多并善于视情运用，其临场应变能力越强。只有不断地对技战术动作组合进行急性训练、筛选与强化，随着训练的深入，运动员的比赛适应能力就会得到提升，其应变能力也会日趋完善。

（三）空击训练法的注意事项

①在练习基本技术时，应对动作的规范性多注意，对动作的技术要领（运行路线、击打目标、发力技巧等）仔细体会。

②在采用空击练习法进行身体素质的训练时，要在规定时间内用最大的强度和密度完成技法动作。

③进行负重练习以后的空击练习时，要保持动作的轻松与协调，尽量对肌肉的弹性加以改善。

④在进行使用技术的练习时，要有再现实战环境的想象力和动作条件反射的实战意识，相同的技法动作要有动态变化即在不同距离、方向、位置、角度等方面的变化。

三、沙袋训练法

沙袋是练习跆拳道踢法的重要工具，它可以代替人体目标，辅助运动员进行踢腿训练，能有效地提高运动员的进攻力量和进攻速度，除此之外，还能训练运动员的平衡力、承受力、准确度及距离感。

在沙袋训练之前，练习者应先做好初步的热身运动，将全身各关节充分活动开，避免在运动中出现损伤。在沙袋训练时，初练者应先以轻重量的沙袋为主，所踢击沙袋的重量与练习者的重量基本持平，这样才能更好地发挥自己的功力水平。随着练习的不断深入，练习者对沙袋的控制能力不断增强，可以逐渐掌握踢击的时机、路线以及着力点等要素。

运动员在进行沙袋练习时，可以采取以下几种练习形式。

①采用连续、快速的击打方式。每一次持续练习10秒钟左右，要尽最大能力完成练习，这一方式可以促进运动员单个动作速度的提高。

②采用拳法与腿法结合的击打方式。每一次持续练习30秒～2分钟，这一方式可以促进运动员有氧耐力的提高。

③采用各种动作不间断的击打方式。每一次持续练习15～30秒，这一方式可以促进运动员无氧耐力的提高。

除此之外，运动员还应注意，在对沙包进行击打时，一定要确保动作规范，发出动作时兴奋点要集中，要采用快速有力的动作，动作回收时要放松肌肉，促进肌肉弹性和收缩力的发展。

四、攻防训练法

由于跆拳道是两人的直接对抗，为减少不必要的受伤情况的发生，在训练中两人一组，先由其中一方发起进攻，另一方防守反击，一段时间后再进行双方的攻守调换，这种训练方法就是攻防训练法。采用攻防训练法进行训练，可以帮助运动员熟悉每一种技法动作，帮助初学者消除心理恐惧感，提升运动员的空间感知能力，并预防运动损伤。

由于攻防训练是专门针对攻击和防守能力的训练，因此，在训练的过程中要保持适当的距离，不能破坏训练规则，出现随意乱踢的现象，另外还应在对抗中仔细地对步法和攻击时机进行揣摩和分析，提高攻守能力。

五、实战训练法

实战训练法是指在近似比赛的条件下运动员之间进行实际对抗训练的方法。我们知道实战是检验运动员一切技战术动作的运用能力及其实效性的唯一途径，它既能全面检验以往各种训练方法的训练成果，又能在实战环境下对运动员在智能、技能、体能、心理能力等各方面存在的问题进行诊断，为比赛和今后的训练提供真实详尽的第一手资料，是提升运动员水平的有效方法之一。

实战训练法可以分为三种类型：想象实战、条件实战和完全实战。

(一)想象实战

运动员掌握了一些基本的技战术后,在自己单独练习时,可以假设是在实战中有对手在与自己对抗,对手采用各种战术和技术进攻自己或防守自己的各种进攻技术,自己则从实战出发,选择几组进攻和防守反击的方法,进行想象中的个人练习。通过这种类型的训练,运动员可以灵活地控制训练内容、踢法技术、训练时间、运动量的大小等各种因素,加强对技法动作的掌握。想象实战通常可用于训练课的后半部分、实战之前或提高训练强度时采用。

(二)条件实战

条件实战即对实战提出要求,限制一些因素进行实战的一种方法。它具有较强的针对性,对提高各类技战术动作的运用能力有着至关重要的、不可替代的地位和作用,是进行实战训练的基础,因此这种练习方法常在跆拳道比赛中被采用。条件实战训练注重条件的设计,不同的条件有着不同的训练目的,其任务、形式、方法、手段也不尽相同,会产生不同的训练效果。

(三)完全实战

完全实战指的是两人按照竞赛规则的要求进行对抗比赛的一种练习方法。实战练习能够让运动员体会到比赛时的运动感觉,并将其技术水平淋漓尽致地展现出来,通过此种方法,教练员也可以对运动员的竞技能力进行衡量,从而对其实战经验进行总结。实战完全按照比赛来进行,没有调和的余地。运动员要全力以赴参与到实战练习中,就像在比赛中一样严格使用每一个技法和战术,在每一个回合中组织严密的进攻与反击。运动员也要注意在实战练习中保持稳定的心态,不能为了求胜,盲目地采用技战术,也不能因为怕输而不敢使用技法。进行实战练习并不是为了取得胜利,而是通过这一方法来对技法运用成功的经验和失败的教训进行总结。实战练习有利于促进运动员竞技能力的不断提高,但长久采用这一练习方法的话,运动员的心理容易疲劳,而且也难免受伤。所以,不要过多地为运动员安排这一练习方法。

第四章 跆拳道准备活动

运动生理学认为，准备活动是指在比赛、训练和体育课的基本部分之前，为克服内脏生理惰性，缩短进入工作状态时间和预防运动创伤而进行的有目的的身体练习，为即将来临的剧烈运动或比赛做好准备。本章分为跆拳道准备活动的分类及意义、跆拳道的课前准备、跆拳道训练的热身准备活动、跆拳道竞赛的相关动作、跆拳道行进间准备活动以及跆拳道教学活动六部分。

第一节 跆拳道准备活动的分类及意义

一、准备活动的分类

在进行跆拳道运动前一定要做一些准备活动，跆拳道运动的准备活动分为以下两种。

（一）一般准备活动

这种准备活动主要包括慢跑以及徒手操等活动，进行这种准备活动主要是为了让全身的肌肉、关节得到充分的活动，避免运动时发生一些不必要的运动损伤，并且能够为之后的运动打下良好的基础。

（二）专门准备活动

这种准备活动主要以一些基本的技术练习为主，这种准备活动主要属于运动的辅助练习，主要包括腿法练习以及步法练习等，主要目的是使身体内脏各个器官功能能够动员身体的肌肉、关节，能够应对强烈的比赛或者训练。

二、准备活动的意义

无论做任何运动前，一定要做好充分的准备活动。准备活动在跆拳道运动中是十分重要的,良好的准备活动对跆拳道运动员或学员有着重要的意义。

(一)有效调整课前或赛前状态

有的学员或运动员在进行跆拳道运动比赛前或训练前由于生理或心理原因很难处于最佳的身体状态,这时做一些适当的准备活动可以提高大脑中枢神经系统的兴奋度,当中枢神经系统的兴奋度有所提高就能够帮助大脑提高反应速度,从而调节不良的状态。

(二)克服内脏器官生理惰性

准备活动分为不同的种类,不同的准备活动又含有不同的准备运动类型,不同的准备活动对身体各个机能的帮助也是不同的,但是进行准备活动可以提高我们身体内脏器官的生理惰性,提高呼吸系统以及血管系统的机能水平,帮助运动器官获得更多的氧气,这样能够帮助肌肉缩短进入工作状态的时间。

第二节 跆拳道的课前准备

一、正压腿

跆拳道课前准备中压腿是非常重要的,因为在跆拳道运动中腿部动作是非常多的,压腿有很多种方法,其中正压腿是最为基础的,也是让练习者感到最为吃力的一种压腿方法。初学者在正压腿时会出现以下几种问题。

①弯腰。
②低头。
③胸部和腿之间出现很大的空隙。
④无法站稳。
⑤在进行正压腿时,急于用头碰脚。

为了能够解决以上这些问题,需要在正压腿时注意以下几点。

(一)规范动作,分步进行

当初学者进行初次练习时,不要急于求成做一些强度过大的练习。当练习强度超过自己的能力时,根据自身情况分步进行练习,但是需要注意的是动作一定要规范,这样才能够进行之后的运动训练。

（二）由轻到重，由低到高

在进行压腿练习时，身体会对腿部的韧带、肌肉、关节施加一定的压力，所以初学者在练习时，用力要轻，如果力度使用不当会对身体造成一些不必要的伤害，当练习一段时间后可以根据自身情况逐渐加重练习的力度。如果在最开始练习时就施加重力，会对身体造成一定的负担，导致第二天走路都会很困难。

在进行压腿运动时也要注意高度是由低到高，一开始的高度是将腿放置于与腰同高的位置，然后身体慢慢往下压，直到下颌碰到脚尖时，可以调整高度，将高度调整为腿放置于与胸同高的物体上，身体慢慢往下压，下颌如果能毫无费力地触碰到脚尖可以再次调整高度。所以压腿要遵循由轻到重，由低到高的规律进行训练。

（三）先拉后压，由近及远

初次练习压腿时，由于腿部的肌肉、韧带以及肌腱的伸展性比较差，如果突然用力拉伸，不仅起不到任何练习作用反而会导致韧带受损或者拉伤。所以在进行初次训练时，先从腿部的韧带、肌肉进行拉伸，施压力度要逐渐加强，不能急于求成，根据自己的身体情况进行。

与腿部连接的相应部位是躯干，躯干与腿部接触的顺序是先接触腹部然后到胸部再到头部，腿部的顺序是由大腿到膝盖再到脚尖，切忌不要在最开始就用头部硬碰脚尖。从这部分内容中我们能够得知压腿运动是先拉后压，并且是由近及远。

（四）要意志坚强，持之以恒

柔韧性训练的过程是枯燥乏味的，当练习者练习到一定程度时，身体会产生酸痛的感觉，这种情况是很常见的，这时练习者心理会产生一些抵触的心理，这时需要练习者有坚强的意志信念，意志与行动之间具有密切的关系，坚强的意志品质会对运动训练带来积极的影响，坚定的意志能够帮助练习者实现自己的目标行动，并且还能够帮助运动员克服困难。此时练习者应该适当地进行自我调整。

（五）压前要做好准备活动

在进行压腿运动前可以适当地做一些关节、肌肉以及身体各个部位的伸展活动。因为肌肉与韧带的伸展性和肌肉的温度有着一定的关系。在进行压腿前做一些准备活动是为了能够帮助肌肉提高温度，当肌肉温度提高时，肌肉内部的黏滞性就会降低，从而有利于腿部柔韧性的练习。

二、正踢腿

在腿部柔韧性训练中踢腿运动是最为关键的。踢腿能够巩固压腿、吊腿以及劈腿等训练效果，踢腿运动能够为实战腿法训练打下坚实的基础。但是在踢腿运动中会出现以下几点经常存在的问题。

①由于重心不稳而摔倒。
②弯腰驼背。
③支撑腿膝盖弯曲。

为了能够避免上述问题的发生，在踢腿时需要注意以下几点。

（一）起腿要轻

在进行踢腿时起腿动作一定要轻，身体重心一定要保持平衡，在踢腿时，要迅速将身体重心移动到一个腿上，踢腿的腿部肌肉要放松，只有放松肌肉在踢腿时才能做到"踢腿快如风"。需要注意的是为了防止在踢腿时重心不稳导致身体失去平衡而摔倒可以靠墙进行练习。

（二）踢时要快

踢腿时为了能够做到"踢腿快如风"，需要腿部由下至上快速从面前摆动，这里需要一个加速的过程。在练习踢腿动作时，一定要注意保持动作的规范，所以一定要保证膝部不要弯曲。如果动作不够规范也就失去了练习的意义。

（三）落腿应稳

初练者往往踢起腿刚落地，就踢另一腿，从而出现出腿笨重、身体歪斜的现象。这是因为踢出的腿刚落地时，身体的重心还在原支撑腿上，腿下落时转移重心，势必出现上述现象。

正确的做法是等腿落实后，身体重心转换已毕再踢出另一腿，其实这样练习也有利于实战中连环腿法的应用。

运动要能够提升能力并避免伤害，热身与拉筋就好像武侠小说里面的基础内功一样，必须是持之以恒而扎实的。但是，许多人只知其一，不知其二，或掌握不到要领，未蒙其利，反受其害。

第三节 跆拳道训练的热身准备活动

一、跆拳道热身运动

（一）头部运动

头部运动其实是让颈部充分活动起来，前后左右对称运动四四拍（每个运作4下，分别做4个动作，前、后、左、右）；之后就把头按顺时针和逆时针方向各转4圈。

（二）肩部运动

当进行完头部运动后就是扩胸运动，也是四八拍。肩部也有筋，也需要压，扩胸是比较好的方法。

（三）腰部运动

下半身不动，上半身向自己的左后面和右后面动，四八拍；转腰，用腰画圈，按顺时针和逆时针方向各转4圈。打拳、踢腿都要用腰力，把腰活动开是非常关键的（只用肢体力量一是不够大，二是比较容易受伤）。

（四）四肢运动

四肢运动就是活动手腕和脚腕，这个也很重要。在道馆最常见的情况就是跑步时会崴脚，这主要是因为没有做好充分的准备活动。踢腿时用脚刀，受力主要在脚腕上，活动不开很容易有问题。

（五）腿部运动

以上运动都做完时，身体血液循环基本到位，腿部运动就是慢跑20米左右。跑步热身标准是，呼吸有点儿困难，身上微微有汗。如此不会因为支出太多体力而影响之后的练，也不会因为热身不充分而受伤。

得知上述内容后，我们基本了解了跆拳道热身运动，因为我们的身体长期不锻炼肌肉和筋都会绷得特别紧，如果不做热身运动会造成身体肌肉和韧带受到损伤，那样会给身体带来不利的影响，我们平时在做任何运动之前都应该做好热身动作，这样才能更有利于运动，可以跑步至脚酸为止（只要微感酸就行），也可以在跑步过程中做反胯、扭腰、提腿、高抬腿等动作，总之让身体活动开来为最好。

这些都很有用，我们训练一般是先活动手腕、脚腕、胯、膝盖、头部，然后高抬腿做 50 个，10 个口令一组，尽量腿要抬到位，速度要快，接下来就是提膝，也是做 50 个，还有抱头下蹲，或蹲下再跳起来，动作连贯，还有俯卧撑、仰卧起坐，等等。

二、拉伸韧带

（一）拉伸韧带的方法

在跆拳道训练热身准备中，韧带拉伸是十分重要的，在韧带拉伸中，主要分为以下两种拉伸方法。

1. 单人练习方法

单人练习分为脚踝拉伸以及脚背拉伸。

①脚踝拉伸的姿势是坐下，左脚放于右腿膝盖上，双手握住左脚脚踝做环绕动作，做两个八拍，左右脚交替进行。可以重复进行。

②脚背拉伸的姿势是跪坐在地上，脚背紧贴地面，身体向后躺，后背努力向下弯贴地，如果自己做不到可以找人帮忙，但需要注意的是不要过激，虽然韧带是很有弹性的，但也是最容易受伤的。在拉伸韧带时切忌不要过于心急。

2. 双人练习方法

（1）横叉

横叉拉伸，拉伸者需要坐在地上，双腿尽自己最大努力分开到最大程度，助手需要坐在地上，用双脚抵住拉伸者的两个脚踝，助手要拉起拉伸者的双手，身体向后倒，同时还要顶住拉伸者的脚踝，助手主要是为了能够保持拉伸者的平衡。

（2）竖叉

在进行竖叉时，需要助手两腿分开站立，拉伸者抱住助手的腰，拉伸者的前腿从助手两腿之间穿过，后腿挺直。

在练习竖叉时，需要找一个比拉伸者腿长的助手，且力气要大，可以找教练也可以找练习比较好的队员，因为他们有丰富的经验，能够教给拉伸者不同的韧带拉伸的方法，并且能够帮助练习者避免重复拉伸一个部位的韧带。

在韧带拉伸时无论做哪种拉伸，都要保持双腿和膝部的挺直，并且要始终保持头部和身体是一条直线，切忌不能低头。即使身体再痛也不能放松，一旦放松那么拉伸也就没有了任何意义，需要注意的是不要一个人穿着袜子在光滑的地面进行练习，因为自己很难控制下压力度，很有可能会发生损伤。

（二）拉伸韧带的时间和频率

1. 拉伸韧带的时间

身体各个关节和韧带在冬季处于最紧的状态，特别是在早晨，所以在冬天拉伸韧带是为了保持韧带的紧张程度。夏季是拉伸韧带的黄金季节，所以在夏季可以快速练习。

2. 拉伸韧带的频率

可以连续两天拉伸韧带，但是最好不要超过2天，可以隔一天一做，但是要能够持续练习，如果短时间内拉伸韧带后突然不练习，韧带还是会缩回去的。

最好不要在早晨拉伸韧带，主要是因为韧带在早晨处于一个很紧的状态，如果刚刚睡醒就拉伸韧带会容易造成韧带损伤。中午和晚上都可以进行拉伸韧带，但最为理想的时间是晚上睡觉前，需要进行10～15分钟的柔韧性练习才能够完全拉开韧带。韧带能够随时拉伸，一旦学习或工作累了就可以进行拉伸。

（三）拉伸韧带需要注意的事项

拉伸韧带的过程是枯燥乏味的，当练习者练习到一定程度时，身体会产生酸痛的感觉，这种情况是很常见的，这时练习者会产生一些抵触的心理，这时需要练习者有坚强的意志信念，此时应该适当地进行自我调整。

意志与行动之间具有密切的关系，坚强的意志品质又会对拉伸运动带来积极的影响，坚定的意志能够实现自己的目标行动，并且还能够帮助自己克服困难。

并且在进行韧带拉伸时需要注意的是不要急于求成，要遵循循序渐进的原则，千万不可猛压或急压，要一点点地进行，不能一上来就严格要求自己，要根据自己的身体情况进行练习。

如果不是经常练习拉伸的人，最忌讳的就是猛烈地急压，或别人施加外力帮忙，因为如果用力不当，就会导致韧带受伤，在拉伸韧带时最重要的是这个过程要慢，一点点地适应拉伸带给自己的酸痛感。

在拉韧带的时候呼吸要匀称，不需要屏住呼吸（据说会使动作不协调，受伤的概率增加）。

第四节　跆拳道竞赛的相关动作

一、预备姿势

预备姿势是跆拳道比赛中，双方正式开战前的基本站立姿势。做预备姿势是为了方便进攻、防守反击、步法的移动。熟练地掌握预备姿势，是开始跆拳道比赛的重要一步。

（一）动作方法

第一，双脚开立与肩部打开的宽度一致，双臂垂于体侧。

第二，左脚向右脚的前方迈出，或者是右脚向左脚的前方迈出。两脚的距离以一步为宜，前后站立，身体侧对对方。与此同时，两手半握拳，肩部下沉，两臂屈肘自然垂放。需要说明的一点是，左脚在后是左架准备姿势，右脚在后是右架准备姿势。

第三，保持重心。重心要落在两脚之间，膝部稍微弯曲。眼睛平视对方的面部，微收下颚。

不管是什么动作的开始，在开始之前一定要做好预备姿势，否则会对身体造成伤害，预备姿势是动作开始之前的必然准备。

（二）强调重点

第一，双臂摆放的位置不是固定不变的，视具体的情况而定。在实战中，手臂主要是用于格挡对手进攻的腿。

第二，两脚之间距离与重心的高低，也不是固定的，可以根据具体情况进行适当调整，尽量在移动之前尽快调整好身体重心。

第三，如果出现重心下降的现象，大小腿之间夹角接近或者等于90度时，则为低位预备姿势，重心的高低并没有严格的规定，主要是根据练习者的习惯而定。

第四，跆拳道比赛中，运动员身体侧对对手，两脚前后站立。如果没有遇到特殊情况，运动员做出预备姿势，不是准备进攻，就是准备防守与反击，运动员的心理与身体都要呈放松状态，过于紧张会影响比赛的发挥。重心的高低取决于自己是否可以以最快的速度向不同的方向移动。

第五，如果双方运动员都是左架站立或者都是右架站立，这时双方的站位被称为闭式站位，如果一方是左架，另一方是右架，或者是一方是右架，一方是左架，则被称为开式站位。

第六，预备姿势的基本步法是指在以预备姿势站立之后，可以向不同方向移动的方法。在整个跆拳道技术体系中，步法占有很重要的地位。受限于跆拳道规则，在跆拳道比赛中，运动员主要使用腿攻击、防守、反击。步法灵活就显得格外重要，步法的灵活程度直接关系到进攻与防守的成败，这就是步法训练在跆拳道训练中占有重要比重的原因所在。

（三）练习方法

①练习左架准备姿势。
②练习右架准备姿势。
③练习左右换架。

二、原地换步

（一）动作方法

右架站立，双脚原地前后交换，由右架转换成左架，或者是将左架转换成右架。变换站位主要是吸引对手的注意力，可以起到晃骗对手的作用，在对手放下防备的时候，进行攻击。

（二）强调重点

首先，保持重心的稳定。重心不宜起伏过大，否则会出现重心失衡现象，两脚稍微离开地面即可。

其次，原地换步的使用常出现在闭式站位，主要是为了与对方形成开式站位，有利于击打对方的胸腹部，或者是为了抵制对方发挥腿部的优势。若对方采用原地换，可以利用这时的机会，抢占先机。一般是通过练习左右换架进行练习的。

三、下压

下压是跆拳道比赛中常用的动作之一，也是进攻与反击对方进攻的主要技术之一。对于跆拳道比赛具有重要意义。

（一）动作过程

①右架站立，重心先移至左腿。

②右腿抬起，髋部稍微向左转动并向上送髋，尽量将右腿膝盖与胸部贴近，身体重心尽量向上。

③右腿高举过头，右腿仰直贴紧上体，重心向上。

④右脚脚面稍微绷直，不能过于放松，右腿快速下压，用脚掌或者脚后跟砸对方的头部，身体重心开始转移，逐渐转移至右腿上。

⑤击打完成后，右脚自然下落成左架，右脚后撤，还原成右架准备姿势。

（二）动作要领

①下压。与中国武术中的正踢腿相似，下压稍微会转髋，在向上踢腿时，要向上送髋，大小腿之间可以有一定的弯曲度。

②下压的过程中，身体重心向前移。

③右腿上提时，右脚脚面处于自然放松状态，在下压腿时右脚脚面要绷直。

④可以直接使用左腿下压，右腿跟步，跟随身体重心的移动而移动。

⑤左脚与身体移动相配合，保持好重心。

⑥在练习过程中，可以使用武术中的外摆腿与劈腿的方法，需要注意的是，在下落的时候向前方劈下，被称为外摆腿与内摆腿。

⑦使用下劈腿主要是用于攻击对方的面部。

⑧在实际的比赛中，如果使用下劈腿，对方会采用头部后移来躲避，如果是有经验的运动员往往会在下压的时候，尽量靠近对方的面部，会使用向前的蹬踏动作，这就要求使用者可以很好地控制腿部力量，也要有一定的柔韧性。

（三）易犯错误与纠正

①起腿高度不够。

②支撑腿与身体移动没有配合好，阻碍了后面的动作的施展。

③下压时，一定要控制好身体重心，避免重心前移过多。

④避免出现身体过于向后仰，导致下压力量不够。

四、腾空下劈腿

（一）动作过程

左架预备姿势站立，先将身体重心转移到左腿上，右腿提膝向上，身体向上跃起，与此同时，左脚蹬地起跳，左腿使用下劈技术向前击打对方面部。

（二）动作要领

腾空下劈的使用一般用于与对方距离较远时。对于两臂的要求比较高，有力上摆，与右腿相配合，右腿向上提，左腿蹬地，身体迅速腾空。

（三）练习步骤

①刚开始练习时可以先扶着一些物体，主要练习提腿、提膝、举腿。
②练习下劈腿的相关动作。
③完整练习下劈腿动作。
④过段时间之后，练习外摆腿与内摆腿的下劈动作。
⑤同时练习左架与右架。
⑥练习腾空下劈。
⑦用脚靶进行下劈的固定靶和反应靶的练习。

五、侧踢

（一）动作过程

①右架预备姿势站立，将重心转移到左腿上，与此同时借助左脚前掌，脚跟内旋。
②直线提起右大腿，小腿弯曲的同时向左转髋，使身体右侧侧对对方。
③膝盖方向朝内，勾脚面，展髋，走直线，平蹬右腿，使用脚掌的外侧攻击对方。
④右腿自然下落，平撤，恢复原位。

（二）动作要领

①侧踢的要领与中国散手中侧踹的要领相同。
②可以用左腿直接侧踢对方。
③左脚一定要配合好相关动作，积极向前移动。
④使用侧踢主要是攻击对方的胸腹部与两肋。

（三）易犯错误与纠正

①大小腿折叠程度不够，蹬出的速度不够快。
②击打对方时，髋部没有展开，打击力度不够。

（四）练习步骤

①提腿转髋。
②平蹬腿。
③完整练习侧踢。
④前腿侧踢。
⑤侧踢击头。
⑥用护具或沙袋进行侧踢的练习。

六、里合

里合与外摆的作用是相同的，都是用于绕开对方的格挡，有效地攻击对方的头部，也可以用于反击，也适用于进攻。

（一）动作过程

①右架姿势准备。
②左脚支撑，以左脚的前掌为中心轴，脚后跟随着身体的移动而移动，大致转动120度，与此同时，右脚脚尖勾起，向右上方提膝，大小腿呈120度夹角，朝着脸前的左上方摆动，弹直小腿，在靠近对手头部之前，脚掌绕脚踝关节向内转动，猛烈击打对方的头部与手部。
③右脚快速落前，成左架姿势。

（二）动作要领

使用这一动作时，注意松髋，开胯。里合腿使用时一定要以髋关节为轴，呈内扇形。比较容易出现的错误就是在收髋的时候，弓腰，或者是里合没有形成扇形，弧度过小，支撑腿力度不够。

常用的纠正方法是进行正压、侧压腿、提膝里合、立膝练习，或者是加强由外到内的正前下落练习，弧度由小到大，注意支撑的稳定性。

七、外摆

（一）动作过程

①右架姿势准备。
②左脚支撑，以左脚的前脚掌为轴，脚后跟随着身体转动而转动，转动大约90度。与此同时，右脚脚尖勾起，向左侧上方提膝，大小腿之间呈现120

度夹角，经胸前向右侧上方摆动，弹直小腿，在靠近对方头部时，前脚掌绕脚踝关节向外转动，猛烈击打对方头部，与里合的动作相似。

③右脚快速落前呈左架姿势。

（二）动作要领

①转体提膝时，抬头挺胸，上体直立，脚尖勾起，松髋，展髋。

②支撑腿膝盖稍稍弯曲，摆动腿膝盖提高，摆动幅度要大，注意顺序，要从里向外摆动。

③上体保持正直，发声要与动作协调相配合。注意动作的路线、运动方向、力度、速度与起腿发力时的准确性。值得注意的是，支撑腿要明显弯曲。摆动腿出击时，膝盖没有弹直，就会出现高度与幅度不够的现象，不能实现预期的效果。

第五节 跆拳道行进间准备活动

一、行进间准备活动的目的

行进间准备活动大部分是在移动中完成的，一般适用于场地宽敞的情况或水平较高学员的训练（蓝带以上学员）。行进间的练习一方面可以起到热身的作用，为后面的基本训练部分做好身体准备，另一方面也是复习巩固基本技术动作的重要途径。

通常行进间准备活动分为一般和专项两种。一般行进间准备活动主要是为了提高体温，例如，10分钟左右的慢跑或者伸展性练习。专项行进间准备活动在之后进行，如跆拳道单个技术动作的练习，使人体运动器官和内脏器官逐步进入运动状态，同时在技术上做好必要的准备。

二、行进间训练方法

第一，行进间正向左右交替前踢走。一人或者两人排成一路纵队，行进间练习前踢动作，刚开始练习时动作要慢。5~7次/组，多组重复。

目的：热身，拉伸肌肉，活动关节，体会并熟练前踢动作。

第二，行进间正向左右交替绕髋走。一人或者两人排成一路纵队，行进间正向交替绕髋走。6~8次/组，多组重复。

目的：热身，拉伸肌肉，活动关节，提高身体灵活性。

第三，实战姿势左右滑步。一人或者两人排成一行，行进间侧滑步。开始时重心高一些，逐渐降低重心。6～8次/组，多组重复。

目的：热身，提高身体灵活性，熟练步法。

第四，行进间正向跳起空中转髋。跳得要高，尽量多转动次数，5～7次/组，多组重复。

第五，行进间左右侧滑步接单腿提膝两次。滑步间提膝要快，左右交替练习，6～8次/组，多组重复。

目的：热身，提高身体灵活性，熟练提膝。

第六，行进间左右360度转体。跳得不要太高，转体要快，8次/组，多组重复。

第七，行进间后腿横踢动作左右交替空击练习。开始时动作要慢，6～7次/组，多组重复。

第八，行进间前腿横踢动作空击练习。开始时动作要慢，6～7次/组，多组重复。

第九，行进间后腿反击横踢动作左右交替空击练习。开始时动作要慢，5～7次/组，多组重复。

第十，行进间前腿下劈动作空击练习。开始时动作要慢，6～8次/组，多组重复。

第十一，行进间后腿下劈动作左右交替空击练习。开始时动作要慢，5～7次/组，多组重复。

第十二，行进间前腿高横踢动作空击练习。开始时动作要慢，6～7次/组，多组重复。

第十三，行进间后腿高横踢动作空击练习。开始时动作要慢，5～7次/组，多组重复。

第十四，行进间后腿双飞踢动作空击练习。开始时动作要慢，6～8次/组，多组重复。

第十五，行进间前腿双飞踢动作空击练习。开始时动作要慢，6～7次/组，多组重复。

第十六，行进间后踢进攻动作左右交替空击练习。开始时动作要慢，6～8次/组，多组重复。

第十七，行进间后踢反击动作左右交替空击练习。开始时动作要慢，6～7次/组，多组重复。

第十八，行进间后旋踢反击动作左右交替空击练习。开始时动作要慢，6～7次/组，多组重复。

第十九，行进间侧踢进攻动作左右交替空击练习。开始时动作要慢，6～7次/组，多组重复。

第二十，行进间侧踢反击动作左右交替空击练习。开始时动作要慢，7次/组，多组重复。

第二十一，行进间正拳突击动作左右交替练习。开始时动作要慢，6～8次/组，多组重复。

第二十二，行进间各种踢腿动作——前抬脚、外摆踢、内摆踢等练习。开始时动作要慢，6～7次/组，多组重复。

第二十三，行进间组合动作练习。行进间练习任意组合，6～7次组，多组重复。

第二十四，10次点地后冲刺练习。两脚原地站立快速点地10次，然后向前快速冲刺跑出。点地的频率要快，2次/组，多组重复。

第二十五，原地快速点地，听声音后快速反应向前、向侧方向提膝两次或多次练习。先两脚原地站立快速点地，教练或者同伴发口令，自己立即向侧方向跃出一步，然后左右腿快速连续提膝。要求两脚点地要快，反应和提膝要快，5～7次/组，多组重复。

第二十六，原地快速重复前跃步后跃步，听声音后快速反应使用进攻或者反击动作练习。前跃步接后跃步的动作要快，2次/组，多组重复。

目的：提高实战中结合步法的能力和组合使用动作的能力。

第二十七，行进中同伴穿护具或者持脚靶自由组合动作攻防练习。与实战结合，不要盲目组合技术，2次/组，多组重复。

目的：热身，提高实战能力。

第六节　跆拳道教学活动

一、教学目标

在进行跆拳道教学前，无论是教师还是训练者都需要明确教学目标。跆拳道教学的内容极为丰富，并且具有较强的可参与性。学生学习跆拳道，对活动和舒展关节和肌肉具有很好的效果。跆拳道运动能够帮助学生增强体质并且能够使学生得到身心的全面发展。

任何运动都是一种循序渐进的过程，不能急于求成，在学习初期最重要的就是要打下坚实的基础，只有打下坚实的基础才能在后期有更好的技术提高。所以跆拳道教学要从基本的横踢教学开始。

学习跆拳道运动需要学生具备很好的身体条件，并且在进行教学前需要将身体的各个关节活动开，这也是为了在练习或者学习时避免发生一些不必要的运动损伤，教学前做准备活动也是为了学生能够得到充分的热身，热身运动能够增加学生对学习的热情。在跆拳道教学中有以下几个教学目标。

（一）认知目标

该教学目标要求需要满足以下两点。
① 95%的学生对横踢有初步的认识。
② 能够完整地说出横踢的动作路线。

（二）技能目标

该教学目标要求需要满足以下几点。
① 90%的学生能够跟随教师的教学，并且在教师的带领下完成横踢动作。
② 80%的学生能独立地做出横踢动作。

（三）情感目标

该教学目标要求学生之间能够相互合作，并且能够在完成动作的同时克服自身的困难。

教师在教学中需要注意以下几点。
① 微笑、耐心地对待每一位学员，让学员很快摆脱初学时紧张不适的尴尬境界。
② 指导教师应教给学员有关体育运动风范、礼仪、着装与身心健康等方面的知识。
③ 指导教师的示范一定要准确，应使学员能清楚地看到每个技术环节。
④ 可适当地加强个人组合训练，培养学员独立完成动作的能力。
⑤ 继续培养学员兴趣，使学员通过晋级式的学习方式，建立成就感。
⑥ 教学多采用示范与提示相结合的方法。
⑦ 培养学员对技术精益求精的精神。

二、教法与学法

（一）教法

①示范法：顾名思义需要教师先给学生展示横踢的动作，让学生有一定的感官认识，这样才会激发学生的学习兴趣。

②挂图法：这种教学方法是利用挂图让学生对动作有初步的了解和认识。

③讲解法：教师通过简洁的语言为学生生动地讲解教学动作的方法和要领。

（二）学法

①比赛法：通过比赛的方法调动学生学习的积极性，比赛法也能更好地培养学生的竞争意识。

②分解练习法：将一个完整的动作分解成多个动作进行学习。

③完整练习法：这种学习方式是为了让学生能够更好地体会一整套动作的完整性。

第五章 跆拳道心理训练

由于跆拳道这项运动的比赛环境比较激烈和复杂，非常容易使运动员感到紧张，所以，为了使他们能够在比赛的过程中始终保持一个相对积极、健康和稳定的状态，正常或超常发挥他们的竞技能力，需要对运动员进行相应的心理训练。并且，心理训练也成为跆拳道训练过程中一个必不可少的部分。本章分为跆拳道运动员的心理特征、跆拳道运动员心理训练的内容、赛前与赛后的心理调节方法、心理训练的方法、赛前常见心理障碍及其克服方法五部分。

第一节 跆拳道运动员的心理特征

一、跆拳道运动员的专项心理活动特征

以运动员的遗传素质为基础，在经过长期专项运动实践的情况下，运动员逐渐形成和发展起来的，从事跆拳道运动必须具备的各种心理活动特征，即跆拳道运动员的心理活动特征。为了很好地揭示运动员的这种心理特征，可以通过分析他们所从事的专项实践活动本身的固有特征来实现。跆拳道运动员的专项心理特征主要是由跆拳道运动的活动结构和活动条件决定的。

（一）活动结构

跆拳道运动属于一种竞技运动项目，它是由运动员运用多种技术动作组合而成的错综繁杂的战术行动，并且需要运动员进行身体和心理的直接对抗。在跆拳道运动中的一些基本技术动作，不仅是基本活动结构单位，同时还是实现各种战术行动的具体方法。

根据跆拳道比赛的具体目的，可将其构成行动分为以下两类：第一，进攻行动；第二，防守行动。在实施这两类行动时，要根据对手所运用的战术特点、

临场情势和与跆拳道运动中各种具体的主观活动相关的条件，来决定运用何种技术和战术行动以及如何组合技术动作，这就是跆拳道运动的活动结构。

（二）活动条件

在跆拳道运动中，运动员可以运用的技术动作和战术行动往往都会受到竞争对手积极且顽强地抵抗，同时还会受到比赛场地以及比赛规则的限制。换句话说，运动员的生理和心理特征、比赛时间、比赛空间、对手的对抗等因素都在很大程度上制约他们完成每一种技术动作和战术行动，这就是跆拳道运动的活动条件。这就要求跆拳道运动员在比赛的过程中应具备以下素质。

①强烈的战术意识。
②具备迅速且准确的感知和判断能力。
③在进行战术抉择时必须要灵活且果断。
④比赛过程中所做出的一切反应都必须是主动且快捷的。

从运动员对种种主客观刺激的应答过程来看，运动员需要对对手的诱导信号（所发出动作的前兆或假动作）做出综合的分析、判断，在知晓与掌握对方意图的基础上做出正确的预见，然后选择与之相对应的、行之有效的应答动作（防守或反击）并实现动作（完成防反动作）。

二、跆拳道运动员情绪体验的特征

跆拳道运动员的情绪体验主要包括以下特点。

（一）情感和情绪会围绕成败不断变化

根据比赛的成功和失败，运动员的情感和情绪体验会不断地发生变化。一般情况下，运动员的内心都会抱有强烈获得成功的愿望，失败之后，也不可避免地会产生焦虑的情绪。运动员之所以要参加比赛，其目的就是争取胜利，夺取金牌，但比赛是双方体能、技术、战术、智慧、心理的大比拼，不可预测的因素太多，并不是主观因素所能左右的。因此，比赛中成功与失败总是伴随着运动员，使运动员在这种成败之间去完成情感和情绪的体验。

（二）情绪体验异常强烈与鲜明

当运动员的神经系统出现较为强烈的兴奋感时，他们的情绪就会随之变得高涨，这种高涨情绪的产生主要与以下因素有关。

①运动员对比赛意义的认识。
②运动员对比赛结果的估计。

③运动员的其他各种因素或想法。

在比赛之前的一个显著的情绪特点就是运动员具有较为强烈的情绪体验，这是由于运动员对比赛的意义比较看重，对自己要达到的水平有较高的期望，与此同时却要面对实力较强的对手。运动员在这种主客观困难较多的情况下，就会产生各种各样的想法，情绪体验自然就变得更为强烈。并且，这种情绪体验很可能会随着比赛时间的临近，变得越来越强烈，当然，也有可能会逐渐趋于稳定。这与运动员的体能情况、技术和战术实力以及心理状态有很大的关系。

（三）情绪体验的性质变化迅速

比赛场上的比分、优劣势的转换、技战术的应用效果等因素的变化，会使运动员的情绪体验迅速地发生变化。比如，即使是赛场上出现了一分的变化或者某位运动员出现了一次失误，都有可能会导致运动员迅速地出现积极的增力情绪或消极的减力情绪。运动员的情绪体验之所以会向相反的性质转化，最主要的一个原因就是优劣势的转化。

跆拳道比赛中胜负往往只在一瞬间，比赛中的扣分、警告可以左右比赛胜负；优势判定可以左右比赛胜负；特别是新规则的"突然死亡法"更是使比赛进入白热化，也使运动员的心理压力和紧张程度逼近极限值，其情感和情绪体验也达到空前状态，此时运动员心理的稳定性就决定了比赛的胜负。总之，跆拳道运动员的情绪体验的产生和变化是其本身固有规律的反映。它的产生和变化，都会对跆拳道运动员的训练或者比赛效果产生较为直接的影响。

大量运动实践表明，运动员取得胜利的一个重要心理因素就是积极的增力情绪状态，而导致运动员失败的一个重要心理就是消极的减力情绪。所以，一名水平较高的跆拳道运动员，往往都会具有非常强的自我控制能力和调节能力，他们在比赛的过程中始终可以保持积极向上的增力情绪状态。而这种稳定性和控制调节能力又取决于运动员运动过程中意志品质的强弱。

三、跆拳道运动员个性心理的特征

（一）从精神运动的特征来看

跆拳道运动特有的活动结构、条件，以及在训练和比赛过程中表现出的各种特点，对运动员心理过程的强度、速度、稳定性以及心理活动的指向性和表现方式方面提出一定的要求，这些要求具体表现在以下几方面。

①跆拳道运动员的神经过程必须要足够强大、灵活和平衡。

②跆拳道运动员在经过高强度、长时间的刺激之后，神经系统依然要具有较强的耐久力。

③在技战术突然发生变化时，运动员应能够迅速改变自己的行为结构和方式，所以他们必须要确保神经过程的灵活性。

④跆拳道运动员必须具有较高的在和对手对抗中迅速变换动作、节奏以及战术的能力。

（二）从气质特征来看

在个体精神运动特性的基础上，能够将精神运动特征表现在人的行为方面的特征即人的气质特征。根据跆拳道运动员的精神运动特征，可以总结出以下几种比较适合跆拳道运动特点的气质类型：第一，胆汁质；第二，多血质；第三，黏液质；第四，这三种气质的中间型。其中最为理想的跆拳道运动气质类型是多血质和以多血质为主的胆汁质或黏液质的中间型。

（三）从性格特征来看

一个人在对待现实时会表现出较为稳定的态度和行为方式，这种个性心理特征即性格。一名水平较高的运动员所具有的性格特征，往往都是由跆拳道专项运动活动的结构、条件以及训练比赛的特点来决定的。高水平运动员在对待现实态度方面，主要呈现出以下特点。

①在对待专项运动活动时，所采取的态度具有目的性、事业性、主动性、独立性和创造性等。

②在对待集体和他人时，所采用的态度具有集体主义的团队精神、同情心、坦率性、原则性。

③在对待自己时，所采用的态度具有自我批评的精神、自尊心、自律性等。

第二节 跆拳道运动员心理训练的内容

一、长期心理训练

在对跆拳道运动员进行长期心理训练的过程中，应特别注意以下几点。

①应将对跆拳道运动员进行的心理训练与身体训练、技战术训练、思想教育等有机地结合起来，尽量做到将心理训练的内容贯穿到运动员的整个跆拳道

训练过程中。比如在实战训练中，被同伴后旋踢反击击中了头部，在并不是很严重的情况下，要让运动员继续坚持将这场实战打完再下场，以此培养运动员在任何情况下都要有坚强的意志品质。

②让跆拳道运动员深深体会到，仅仅依靠日常的身体素质和技战术训练就想获得较为优异的成绩是远远不够的，从而使他们能够自觉地参与到心理训练中去，使他们深刻地明白，心理训练也是跆拳道训练的一个重要组成部分。同时，还应让他们充分了解心理训练的目的、任务和作用，使他们的自觉积极性得到很好的发挥。此外，教练员还应对每名跆拳道运动员的个性特点进行较为熟悉的掌握，帮助他们对其自身所具有的心理品质发展特点进行分析，从而使他们能够逐渐学会进行自我剖析和自我调节的方法。

③要长期、有计划、有步骤地向跆拳道运动员提出心理训练的要求，也就是说，要做到循序渐进、逐步提高。并且，对于跆拳道运动员不能一概而论，而是应做到区别对待每一名运动员。除此以外，教练员的态度也对运动员的情绪变化有很大的影响。所以，若想使运动员得到较为良好的心理训练，一个非常重要的前提就是教练员以身作则，先学会控制自己的情绪，不管遇到任何事情都能沉着冷静，不随便发脾气，果断、细致地去处理事情。

二、赛前心理训练

通常情况下，会在比赛前的三个星期左右对运动员进行赛前心理训练，这是一种根据既定的比赛任务而进行的有针对性的短期心理训练。之所以会对运动员进行赛前心理训练，主要是为了让他们在较短的时间内掌握自我调节心理状态的方法，从而以最好的状态参加比赛。在对运动员进行赛前心理训练时，主要是为了完成以下几项较为重要的任务。

第一，让运动员明确比赛任务，激发他们的比赛动机，使他们有足够的信心去赢得比赛的胜利。

第二，让运动员掌握较为具体的心理训练方法，并能够灵活运用。比如，运动员通过有效控制和调节自己的心理状态，最大限度地消除自己的心理障碍，从而形成最佳的竞技状态。

第三，使运动员不断提高对比赛的适应性，此外，还应让他们学会在紧张激烈、瞬息万变的比赛过程中始终保持稳定且积极向上的心理状态，从而正常甚至超常将自己的技战术水平发挥出来。

在进行赛前心理训练的过程中，有以下几方面需要特别注意。

①必须要在对队员有较为全面的了解的基础上，有针对性地进行赛前心理训练。并且，应在明确了比赛任务之后再合理地去激发运动员的比赛动机，从而使他们具有较为强烈的比赛欲望。

②在制订比赛目标时，不能将目标定得过于高，而是应根据运动员的实际水平，使运动员在经过努力之后能够达到制定的目标，只有这样才能使他们对比赛充满信心，反之则会使他们充满紧张感，甚至行动失常。

③教练员应尽可能地帮助运动员了解所要面对的对手的情况，并在赛前与队员一起分析和制订比赛战术。

三、赛中心理训练

所谓赛中心理训练，指的就是利用每场比赛的比赛前、局间休息期间或者轮次之间的间歇，对运动员进行心理训练或调节。进行赛中心理训练的目的主要包括以下几方面。

①帮助运动员对比赛中出现的新情况、新问题进行分析。

②及时修订新的比赛行动对策和计划。

③采取必要的措施对运动员进行有效的心理调节与暗示，使他们积极、稳定的心理状态得到维持。

需要注意的是，教练员一定要把握住局间休息的一分钟时间，将之前比赛的情况和相关信息（对手的技战术水平及动作特点与习惯等）及时反馈给运动员，并且根据赛况和信息对运动员进行有针对性的指导，帮他们树立信心，激发他们的斗志，从而取得较为理想的成绩。

四、赛后心理训练

在跆拳道比赛结束之后，运动员不管是在身体上还是在心理上都会非常疲惫，如果经过合理的休息，身体上的疲惫很快就可以恢复，但对于心理来说，则就必须要经过积极的调节才能有所恢复。比赛无论是什么结果，无论是成功的喜悦还是失利的沮丧，都要求运动员能够正确看待这种情绪体验，这也是心理训练过程中不可或缺的重要环节之一。

对比赛取得优异成绩的运动员，在充分肯定其积极向上的情绪体验的同时，更要看到其成功下面隐藏的消极的情绪体验和因比赛胜利而滋生的骄傲自满等不良情绪体验。而对比赛失利的运动员则应同他一起来分析比赛失利的原因，多给予正面而积极的鼓励，消除因比赛失利带来的消极情绪体验，不断激发运动员的斗志，培养运动员不惧挫折、积极进取的训练和比赛动机，总结经验、消除其不良情绪，使其积极地投入到新的训练中去，争取更高的目标。

第三节　赛前与赛后的心理调节方法

一、赛前心理调节的方法

（一）比赛动机训练

对于不同的人来说，他们的比赛动机也会有所不同，而稳定、积极的心理状态的形成，往往取决于良好的比赛动机。所以，应根据每名运动员的实际情况来选择适合他们的比赛动机训练方法。

（二）自我认知训练

这是一种赛前阶段提高自信心的心理训练方法。也就是说，在比赛之前对运动员进行自我认知训练，能够使他们的自信心得到有效的提高。在训练过程中，运动员可以给自己一些较为积极的暗示，以便时刻提醒自己将要运用的技战术会大获成功，从而使自己敢于使用一些新、难、绝的技战术动作。

（三）心理适应训练

心理适应训练，能够对运动员保持心理协调起到积极的促进作用。这一训练方法的内容主要包括以下几方面。
①训练运动员快速适应不同风格的裁判。
②训练运动员快速适应不同的比赛器材。
③训练运动员快速适应不同观众的情绪。
④训练运动员快速适应在不同的参赛地生活。
⑤训练运动员快速适应不同比赛场地的氛围。

（四）心理准备训练

这是一种通过了解比赛双方的情况和运用模拟训练等帮助运动员做好参赛心理准备的训练方法。主要有一般准备、模拟训练、心理调节训练等。这种训练方法的关键在于要充分了解对手的各方面情况，尤其是对手擅长的技战术动作和攻防习惯，这样才能保证模拟训练的针对性，才能使自己对比赛做到心中有数、有的放矢。

二、赛后心理调节的方法

（一）迅速消除比赛成绩的干扰

研究表明，比赛成绩对运动员有着比较强的心理刺激作用，并且在比赛后的 1～3 个月之内，这种比赛成绩对心理的刺激作用依然会保存在运动员的脑皮层当中。也就是说，对于优胜者来说，很可能会长时间处于欣喜和兴奋的状态中；而对于失败者来说，可能会长时间地处在沮丧和苦恼的状态中。由此可见，不管是赢还是输，都应在比赛之后及时对运动员进行适当的心理调整，消除比赛干扰，从而可以更好地为接下来的比赛做准备。

（二）消除不正常的攻击心理

在跆拳道运动比赛中，受到比赛性质的影响，运动员通常都表现出非常明显的攻击性，也正是存在这种心理特点，才使得运动员能够对对手产生强烈的进攻冲动，使运动员时刻保持良好的比赛状态。但是这种进攻心理并不会随着比赛的结束而立刻消失，特别是在比赛中失败的那一方，由于想要获得比赛胜利的愿望落空，没能达到自己预期的目标，所以很容易就会因受到刺激而再次产生攻击冲动，在这个新的动机的刺激下，运动员的攻击性就会变得更强。但是，这种攻击性与比赛时的攻击性大不相同，运动员的攻击对象并不仅仅只是对手，还包括自己、教练员，甚至是裁判员，由此带来的后果便可想而知了，甚至这种不正常的心理会在较长时间内，影响到运动员的生活、学习、训练。所以，为了有效避免这种不良后果的产生，就必须要在赛后及时对运动员进行心理调整。

（三）防止丧失自信心

对于一名运动员来说，不仅比赛的失败会使他们丧失自信心，即便是在比赛中胜出了，但如果比赛结果与自己的预期有一定的差距，也就是人们常说的"赢得窝囊"，这时也会打击他们的自信心。

一旦运动员丧失自信之后，他们就会对之前好不容易建立起来的运动表象产生怀疑和动摇，甚至会觉得自己毫无用处，并不具备运动员应该有的素质和条件，之前所做的努力都是无用功，甚至还有可能会使自己出现一些错误的判断，对自己的运动特长进行否定。

如果放纵这些不正常的心理状态一直持续下去，对运动员的跆拳道训练以及今后的集体生活、人际关系都是非常不利的，严重的话还有可能会出现心理障碍，甚至这一切也会严重损害整个跆拳道团队的精神面貌。所以，必须要在赛后采取适当的措施来恢复运动员的自信心。

（四）消除赛后的紧张情绪

运动员在参加完跆拳道比赛之后，比赛之前和比赛中的一些较为激烈的紧张情绪并不会立刻消失，而是会持续一段时间。这种紧张情绪的强弱，通常取决于比赛层次和规格的高低，并且，如果比赛层次和规格较高，那么这种情绪持续的时间也相对要久一些。

这些过度紧张、焦虑、悔恨或者优越感，会一直深深地印刻在运动员的大脑中，需要经过很长时间才能够消散。所以，在比赛之后，必须要采取相应的措施来尽快消除运动员的这种紧张情绪。相比之下，这个问题要更为重要一些，所以相关人员必须要给予高度重视。

第四节 心理训练的方法

一、放松训练

模拟在比赛条件下，进行放松训练，主要方法如下所示。

①当感受到身体紧张或情绪焦虑时，立即进行深呼吸。呼吸次数的减慢，呼吸深度的增加，会使心率减慢，缓慢的心跳会使人逐渐平静，随之肌肉的紧张程度与焦虑情绪得到缓解。学会只要意识到自身紧张的信号，马上进行深呼吸、慢呼气，使自己立即出现一种放松反应。

②运用默念套语的方式进行自我暗示，如我的上肢肌肉放松了、我的小腿放松了等。

③在赛前，当过度紧张时，运动员可播放轻松、节奏慢的音乐，使身心逐渐得以放松。

二、表象训练法

表象训练法是指在暗示语的指导下，头脑中对某个运动动作或环境进行反复的想象，从而使自己的运动技能和情绪控制能力得到进一步提高的方法。这种方法在运动领域中是最为常用的。

进行表象训练对运动员正确动作动力定型的形成和巩固、动作熟练程度的提高以及动作记忆的加深都是非常有利的。跆拳道运动员进行表象训练时，要在形成正确的运动表现的基础上进行，教练员给的语言暗示应尽可能简单明确。运动员在学习技能、战术阶段，重点是正确掌握动作和提高学习效果。在比赛期间，侧重点是提高运动员对兴奋、紧张等情绪的掌控能力。

三、念动训练

通过对运动的想象或回忆等引起运动反应，即念动训练法。这是一种将运用表象和自我暗示相结合的心理训练方法。

在教学训练中，只有在形成精确的运动表象之后，才能进行念动训练。也就是首先要让运动员处于安静和放松的状态，让注意力始终处于较为集中的状态，然后想象自己现在正在进行某一技战术动作的练习，特别是两人对抗练习的情景，更能促进技战术组合能力、运用能力和反应能力的提高，这样反复地想象练习，会进一步巩固已形成的动力定型。教学训练中念动训练不仅可以在练习之前进行，还可以在休息期间以及练习之后进行。在练习之前，所要做的就是集中注意力来想象将要完成的动作，练习完成后，还应继续回想一下刚才完成的动作，并将完成动作时的情况描述出来，然后教练员根据运动员的描述给出相应的指导意见，休息期间还应再回想一下训练中最为成功的动作3～5次。

四、意志训练

在意志训练过程中，要根据运动员的训练情况实行适当的惩罚措施，让运动员明白自己存在的问题和努力的方向，这样做可以有效激发运动员的斗志，增强他们的意志力和竞争意识。意志训练是一个长期持久的过程，这就要求所有教练员都要始终坚持将训练落实到比赛的方方面面，并且还应根据每名运动员的特点，做到因材施教，具体如下。

（一）正面教育

教练员与行政管理人员，在日常生活中应经常对运动员进行正面教育，通过长期的系统教育使运动员树立正确的价值观，热爱体育事业，对自己的职业与所从事的工作具有责任心。只有通过艰苦的训练，在训练过程中培养吃苦耐劳、顽强拼搏的精神，才能随着训练年限的增长、训练水平的提高，逐渐提高自己的意志品质。

（二）配对练习

配对练习包括相同运动水平、不同运动水平、不同级别的配对练习。例如，按照教练员指令，进行攻防空击或实战练习；与实力强的队员一起进行实战训练，培养队员敢打敢拼、勇猛顽强的战斗精神；通过与同伴实战，运动员可以在逐渐了解对手的过程中，寻找有效对策。配对练习中反复的应对探索、有效的反击或偶尔成功的主动击打，可以增强自信心，促进自我调整、自我暗示、不服输、坚持拼搏等良好意志心理品质的形成。

（三）大运动量训练

运动员的意志品质可以通过大运动量训练来进行培养。教练员应严格对待运动员所进行的每一次针对技术和各项身体素质的训练。比如在训练课的主要部分快要结束时，也就是大多数运动员都感到非常疲惫的时候，就是培养他们顽强意志品质的最好时机。

五、诱导训练法

（一）赛前安定训练

对运动员进行赛前安定训练，可以在很大程度上保证他们有足够的休息时间，能够将他们的注意力从比赛上转移到其他事情上，同时也能放松他们的心理。其中效果比较明显的几个方法如下所示：第一，练气功；第二，阅读书籍或报纸；第三，观看自己喜欢的电影；第四，适度的娱乐活动等。

（二）赛中安定训练

对运动员进行赛中安定训练，主要有以下两点好处。

①采用相应的赛中安定训练，可以避免外界环境条件的变化给运动员带来的一系列不良影响。

②即使比赛中发生了一些意外情况，也不会对运动员正常发挥技战术水平产生很大的影响。

六、模拟训练法

在跆拳道训练的过程中，比较常见的几种模拟训练如下所示。

①模拟对手的技战术打法特点，这样做主要是为了进一步提升运动员的技战术适应能力以及运用能力。

②模拟比赛场景和观众情绪，这样做主要是为了有效提高运动员的抗干扰能力。

③模拟比赛日程安排和作息制度，这样做主要是为了使运动员能够较为及时地调整自己的"生物钟"。

④模拟裁判员的误判、错判和漏判，这样做主要是为了提高运动员的心理承受能力。

以上几种模拟训练都是比较常用的，应根据具体需求和实际情况来有针对性地进行选择和运用，具体做法如下。

（一）在比赛情境下进行实战

模拟正式比赛所有的实战环境，要求运动员根据赛前安排的技战术投入比赛。在场上如有突然变化，也应保持冷静，灵活运用技战术，使自己在比赛中处于主动地位，即使不能处于主动地位，也应尽快扭转被动局面，化被动为主动，从而转败为胜。

（二）模拟比赛时段环境

每个级别的比赛，均在一天内完成，连续比赛不间断，晚上进行决赛。不同地域环境、气候、时间、场地和灯光等，均会对运动员竞技水平的发挥带来影响。如何提前适应，以常态投入比赛，直接关系到运动员的竞技状态，提前模拟比赛各时段的情境就显得非常重要。比赛被安排在上午、下午或晚上，这就存在一个运动员适应比赛时间和灯光强弱的问题。

（三）模拟赛前准备活动

根据比赛出场时间，计算自己应做准备活动的开始时间、所需时间等，应提前做到心中有数。在平时训练中，应反复模拟，直到养成习惯。否则，很可能会因一个环节不畅，对运动员的情绪或体力带来不良影响，影响竞技水平的正常发挥。因此，运动员应反复模拟赛前准备活动，以排除参加比赛时不利因素所带来的不良心理影响。

（四）模拟裁判偏袒对手情境

裁判无意或有意错判或反判，使运动员在比赛时处于被动，此时会给运动员的情绪带来一些消极影响，继而使运动员产生不安、急躁的情绪，甚至被激怒。在实战训练中模拟场上不公正的打分情境，该得分的不给分，以培养运动员在特殊情境下冷静、不焦不躁的平稳心态。

第五节 赛前常见心理障碍及其克服方法

一、过分激动状态

运动员在比赛之前，很容易会出现以下几种过分激动的状态：第一，情绪过度紧张；第二，精神极度亢奋；第三，食欲下降；第四，失眠；第五，心跳加快、呼吸短促；第六，心神不定等。一旦出现以上这些状态，运动员就可能无法很好地去控制自己的行为。产生以上这些状态的原因如下所示。

①过高地期望能够在比赛中取得胜利，期望获得更高的荣誉，得到他人的高度评价和认可。

②想取得胜利，但又害怕会输掉比赛，这种矛盾的情绪混杂在一起，极大地消耗了运动员的体能与心能，使得运动员赛前压力增大，使得他们在比赛的过程当中想主动进攻又害怕对手会进行反击，考虑事情变得优柔寡断，相比于如何更好地发挥自己的技战术，更注重的反而是比赛成绩。

因此，这就要求要采取有效的措施来克服这一想赢怕输的心理障碍，主要从以下两方面入手。

①对运动员进行较为积极的引导，使他们将注意力全都放在如何运用和发挥技战术上。

②对运动员提出的要求要合理，让他们回忆以往成功时的体验，增强自信心，稳住情绪，正确看待比赛结果。

二、过高估计对手

只要是比赛，就必然会有胜负之分，所面临对手的实力也会有强有弱。通常情况下，运动员都会在比赛之前对对手的能力进行一定的评估，这种行为很容易会导致高估对手、低估自己的现象出现。这样就会使运动员在面临对手时自信心大打折扣，甚至还会产生惧怕的心理，使得技战术得不到正常发挥或发挥失常。这种心理障碍通常在比赛经验不足的新手以及所面临的对手的名气比较大的运动员身上出现。

有效克服这种心理障碍的方法如下所示。

①强化运动员的训练过程，让他们多练习一些实战对抗，提高他们的技战术水平及其运用能力，从而使他们的实战经验更加丰富。

②引导运动员正确对待比赛。

③帮助运动员树立信心，并帮助他们分析将要面临的对手，从而找到能够战胜对手的方法和手段。

④在比赛的过程中，要能有效激发运动员的斗志，努力把他们的消极情绪转化为积极情绪。

以上这些方法对于克服高估对手的心理障碍来说有非常好的效果。此外，激发运动员斗志，对运动员提出适当的要求，使其摆正自己的位置等也都是较为有效的措施，可适当采用。并且要告诉他们应放开手脚，尽力打出自己的战术水平，不要过多地考虑是否能战胜对手。

三、赛前淡漠状态

对于具有赛前淡漠这种不良状态的运动员来说，可以采取以下措施来帮助他们克服。

①激发运动员的比赛斗志，端正他们的比赛态度，形成良好的比赛动机。

②认真且细致地研究比赛双方的具体情况，并根据研究结果，制订出相应且行之有效的措施。

③对运动员进行积极的语言暗示，多鼓励他们，要求他们提前做准备活动，从而提高他们的兴奋性。

④合理且科学地安排运动员的赛前训练，避免过度疲劳的现象出现。

四、赛前盲目自信状态

赛前盲目自信的运动员，往往会出现以下表现。

①知觉和思维活动比较迟缓。

②注意强度下降。

③不能积极准备比赛、轻视对手。

③始终处于精神较为亢奋的状态。

④过高地估计自己的水平和能力。

⑤坚信自己可以轻易取胜或侥幸成功。

在这种不良状态的影响下，运动员无法较为认真地对比赛进行分析，更没办法较为客观且有针对性地去研究比赛对策，无法冷静解决所面临的困难。如果想摆脱这种状态，就要加强对运动员的思想、作风教育，同时还应配合进行意志品质的训练，帮助运动员对可能存在的一些困难和不利因素进行估计，让他们提前做好心理准备，时刻保持清醒的头脑，以最好的状态去参加比赛。

第六章　跆拳道基本技术

跆拳道技术是指竞赛跆拳道中所使用的能够充分发挥运动员机体能力，合理、有效地完成动作的方法。要想提升自身的跆拳道技能水平，就需要掌握扎实的基本技术。本章分为跆拳道的入门技术、跆拳道的进攻技术、跆拳道的防守技术、跆拳道组合技术四部分。

第一节　跆拳道的入门技术

一、准备姿势

竞技跆拳道的准备姿势也就是踢击时的预备姿势、实战姿势，它应具备自然、协调、富有弹性以及稳定性等特点，以便于进行进攻、反击、防守以及灵活的步法移动。左脚在后是左架准备姿势，此时右腿为前腿，左腿为后腿；右脚在后是右架准备姿势，此时左腿为前腿，右腿为后腿。

（一）动作过程

下面以左架准备姿势为例进行讲解。

①左脚向后迈出或右脚向前迈出，两腿前后开立，略宽于肩。

②右手握拳置于胸前，高度应距下颚一拳左右，左拳置于腹前，同时两手半握拳，沉肩、两臂曲肘自然垂放，拳眼相对。

③左右脚脚跟同时抬起，离地约2厘米，左脚内扣约45度斜向前方，右脚略偏右，上体自然直立约成45度斜向右前方。眼睛平视前方，下腭微收。右站式动作相同，方向相反。

（二）动作要领

①头正颈直，目视前方（对方）。

②上体右转约45度角成侧向面对对方，两肩略内扣，胸腹略内收，呈自然形态。

③两臂弯曲（左臂大小臂夹角大于90度，约为135度，右臂大小臂夹角小于90度，约为45度），双手握拳，拳心向内，拳面向前。左拳前伸，两臂所放位置不是固定的，也可以一臂下垂或两臂下垂。左拳前伸高度略同鼻高，右拳置于下颌右下方，略同肩高。

④两脚前后开立（立正姿势开始，右脚向后右斜方向后撤一步，40～50厘米）；左脚脚尖内扣约45度，朝向右前方，前脚掌用力支撑（脚后跟轻触地面）；右脚脚跟提起，前脚掌用力支撑于地，脚尖略朝向右前方；双腿微屈略内扣，髋部右转朝向右前方；重心落于两腿之间，不偏不倚。

⑤如果重心下降，大腿和小腿之间的夹角几乎等于90度时，为低位姿势。

易犯错误：重心前移或后移；双脚间距过大；全脚掌着地；双膝僵直没有弹性。

纠正方法：可在教练、同伴的帮助下进行纠正；面向镜子自我进行纠正。

标准实战姿势是一种理想化的最佳攻、防和反姿势状态。其目的有以下几点。首先，保持良好的身体形态，给人呈现潇洒、飘逸和健美的身姿，表现出自信、坚毅、顽强的品质。其次，使身体形成最有利于攻、防和反的最佳状态，随时进可攻、退可守、反击自如。最后，以标准实战姿势为基础而变化出符合个人特点、特长和临场比赛需要的实战姿势，以适应临场比赛情势的变化。这是标准实战姿势最根本的目的和意义所在。

标准实战姿势的考虑是全面的、综合的，对攻、防和反三种形式是兼顾的通盘考量，彼此无所侧重，表现出一种全局观。而在实战比赛中表现出个性特点和特长的实战姿势则是在攻、防、反三种形式之间有所侧重，是对比赛情势的预判以及为满足我方将要采取的技术动作、战术策略的需要而表现出的一种准备姿势。它是与临场比赛情势的需要相适应的。因此，在实战比赛乃至于训练中，每个人都有习惯姿势（技战术的需要），可谓万紫千红、百花齐放，无一雷同。而在众多表现出个人特点、特长的实战姿势中，无不看到标准实战姿势的如影随形，无处不在。

二、基本步法

步法是维持身体重心平衡、配合拳法和腿法等攻防动作快速击打、衔接转换和防守时移动身体、调整距离的一种技术。其主要作用是保持进攻与防守的最佳距离位置。

（一）上步

动作过程：右架准备姿势站立，右脚向前一步，成为左架准备姿势；左架准备姿势站立，左脚向前一步，成为右架准备姿势。

动作要领：重心不能起伏过大，上步时通过左拧腰转髋完成，双臂自然移动。

实战运用：上步通常用于诱导对方进攻或逼迫对方后撤。当对方使用上步时，可用进攻技术进攻对方。

（二）后撤步

动作过程：基本姿势站立，以右脚掌为轴内旋约90度，左脚沿直线向后撤步，成右架准备姿势。

动作要领：借助左脚蹬地的反弹力，迅速转体，后撤左脚。

实战运用：用于闪躲对方的进攻，或在退步时，用于引诱对方进攻。

（三）前跃步

动作过程：右架站立，双脚同时向前跃进一步，保持右架准备姿势；左架站立，双脚同时向前跃进一步，保持左架准备姿势。

动作要领：向前跃进时，重心不能起伏过大，尽量保证重心平稳。

实战运用：前跃步通常用于快速接近对方时，以便使用下劈或旋踢等进攻动作。当对方使用前跃步时，可用前劈腿、后踢或者后旋踢迎击对方。但对方使用前跃步的目的可能是引诱我方反击，趁我方调整重心时，以再进攻得点。在这时，我方可随后后撤一步，不被对方利用。

（四）后跃步

动作过程：右架站立，双脚同时向后跃一步，保持右架准备姿势；左架站立，双脚同时向后跃一步，保持左架准备姿势。

动作要领：向后跃时，应尽量保持重心稳定，双脚稍微离地即可。

实战运用：后跃步通常用于对方进攻而我方需要快速与对方拉开距离时，这时会有一个向后跃的惯性，再使用进攻动作会存在一定难度，因此通常使用迎击动作，如后提、后旋踢等。在对方使用后跃步时，我方要注意防止对方的阻击动作。如果我方使用组合动作，在对方使用后跃步时，我方一般使用侧踢、推踢或外摆下压等动作。

（五）跳换步

动作过程：基本姿势站立，双脚同时蹬地，身体有轻微腾空感，双脚沿直线前后交换，落地成右脚在前，左脚在后。

动作要领：换步动作迅速，重心起伏不可过大。

实战运用：调整实战姿势。

（六）侧移步

动作过程：第一种步法是以前脚为轴，后脚向左（右）侧方向移动，用以改变与对方的站位方向；第二种步法是右架站立，右脚先向右（或向左）侧移动一步，随之左脚也迅速向右（或向左）侧移动一步。

动作要领：一般是将身体重心移向前脚，以利于后脚进攻。

实战运用：主动进攻时，对方反应速度快，使用侧移步向一侧移动，诱使对方来不及调整身体重心而不能很好地反击，或是当对方进攻时，我方不向后撤，而使用侧移步与对方贴近后再使用进攻动作。

（七）击步

动作过程：以左架为例，右脚向前方移动，当到达左脚后跟时，左脚快速向前向上提起，两脚的动作要连续一次性完成，用左实战姿势快速接近对方。

动作要领：步法要小，一直控制在我方重心不远的地方；速度要快，以便发起猛烈的攻击。

实战运用：迅速接近对方，连接横踢、下劈等技术。

（八）前滑步

动作过程：右架站立，双脚同时向前滑一步，保持右架准备姿势；左架站立，双脚同时向前滑一步，保持左架准备姿势。

动作要领：前滑步时，尽量保持重心稳定，不宜起伏过大，双脚稍微离地即可。前滑步通常用于快速接近对方以使用下劈或横踢等进攻动作时。如果对方使用前滑步，可以使用前腿下劈、后踢或者后旋踢迎击对方。但有时对方使用前滑步的目的是引诱我方进行反击，趁我方调整重心时，以再进攻得点。因此，我方可以立即后撤一步，避免被对方利用。

练习方法：①练习右架前滑步；②练习左架前滑步；③练习前滑步接后滑步。

(九) 后滑步

动作过程：右架站立，双脚同时后滑一步，保持右架准备姿势；左架站立，双脚同时后滑一步，保持左架准备姿势。

动作要领：后滑步时，尽量保持重心平稳，不宜起伏过大，双脚稍微离地即可。后滑步通常用在对方进攻，我方需要快速与对方拉开距离时，由于我方有向后撤的惯性，再使用进攻动作具有一定的难度，因此通常用迎击动作应对。如果对方使用后滑步，我方要阻止对方的阻击动作。

练习方法：①练习右架后滑步；②练习左架后滑步；③练习前滑步接后滑步。

三、基本腿法

跆拳道以其变幻莫测、优美潇洒的腿法著称于世。在比赛中，交战双方采用踢、劈、旋、摆、踹、蹬等各种腿的技法，你来我往，常常有出人意料的精彩动作出现，极具观赏性，充分展示了跆拳道的艺术美，给人以美的启迪和享受，是跆拳道有别于其他搏击类项目的显著特点。

(一) 前踢

动作过程：在准备姿势的基础上，左腿支撑，右脚蹬地，屈膝提起，髋向前送，小腿快速从屈膝伸向前弹击，力达脚背，迅速落下成原姿势。

动作要领：目视对方，头向上顶。面对对方或略向侧转，上体保持正直或略向后倾。支撑腿微屈（膝关节），脚尖略外转，击打接触对方的一瞬间蹬伸膝关节，以利整体发力。两手臂自然置于体侧。击打腿向前提膝过腰，由屈至伸向前击打，高度为对方下颌处。在竞技比赛中前踢使用率不高，以前脚背为击打点；在品势中较为常见，属基础性腿法，以前脚掌为击打点。动作连贯、流畅、快速。前踢的击打部位是下颌，对方弯腰时也可击打胸腹部。

易犯错误：①大小腿折叠不够，弹击时有直腿抛出的感觉，无力量；②上体后仰，导致失去重心；③踢击时向前用力，与推踢混淆。

前踢不仅能够用于进攻还能用于防守。当前踢的发力部位从脚尖转为脚跟时，前踢就变成前蹬。前蹬与前踢的动作要领相同。前踢主要是辅助性的腿法，但在自卫中，可踢击对方裆部、下颌，达到出奇制胜的效果。

练习方法：①两人结成一组，交替练习前踢；②逐渐提高前踢的远度与高度；③左右架交替练习；④空击动作练会后，两人进行脚靶配合练习。

前踢是跆拳道腿法中最简单的基础腿法。在练习中，要注意膝关节夹紧不外翻；髋要前送，增加击打距离；击打时小腿放松，富有弹性，快打快收。在不破坏动作结构的前提下，加强分解动作的练习，提高动作质量。

（二）后踢

动作过程：左架站立，重心移至左脚。以左脚掌为轴，左脚跟外旋180度，回头转身，身体向右后方转动，同时提起右大腿，使大小腿折叠，脚踝放松。右脚用力向攻击目标直线踢出，自然回收落下成右架式。

动作要领：头正，目视对方，随动作旋转而旋转。躯干启动时，垂直向后旋转；击打时，躯干略向前俯，双肩转向不可过度。重心在支撑腿，启动时支撑腿外旋135度左右时，脚跟制动，击打时发力支撑腿膝关节有伸直的过程，以利全身发力。身体向外旋时，击打腿勾小腿，脚跟经过腋窝（支撑腿）由屈到伸后蹬出，膝关节有伸直的瞬间过程。

动作重点：①转体、移动重心以及击打腿勾小腿，三个动作同时启动、同时完成，尽量减少中间环节，压缩完成动作的时间。

②击打腿在完成击打动作时要顺着支撑腿直线击打（练习初期可以体会大腿之间的摩擦或贴近的感觉），确保击打的准确性。

③为防止身体过度旋转而影响击打准确性，首先支撑腿旋转时脚跟要有"刹车"制动（旋转到位时脚后跟着地）；其次是肩部的牵拉控制作用（双肩与对方平行而非垂直状态）；最后是练习初期双眼尽可能地不要去观望对方。

④击打成一线、击打成一点。击打成一线是过程，击打成一点是击打部位和效果。当击打未完成时，不可转髋。只有保证了击打一条线，才能保证击打一个点。当后踢技术动作达到自动化时，对线的要求主要表现在速度与个人习惯上，对点的要求则主要表现在准确性上。只要点的击打是快速的、准确的以及有效的，可以放宽对线的要求。

⑤当基本技术动作形成后，应以强调击打腿的出腿速度来倒逼前面动作完成的速度，进而提高整体动作的速度。

⑥后踢的击打部位是头部、胸腹部及两肋。

易犯错误：转身、踢腿不连贯，有停顿；上体跟着旋转，容易击打不准，且容易被反击；膝关节外展，击打成弧线，旋转发力；大腿和小腿没有折叠，直腿向上踢。

练习方法：两人结为一组，交替进行后踢练习；逐渐提高后踢的远度与高度；右架和左架交替练习；空击动作练会后，两人配合脚靶进行练习；两人穿护具配合练习，一方站立，一方击打。

在后踢练习中，与对方成直线面对时，以支撑腿为准瞄准对方的击打部位，攻击腿的膝盖向下与地面垂直以控制击打方向，上体与大小腿折叠成一团，击打时攻击腿沿支撑腿所瞄准的方向迅速向后蹬出，身体与攻击腿形成一条直线，快打快收。后踢动作由于需要转体来完成动作，故所需时间较长，因此，转体、抬腿、出腿等动作应一次性连贯完成，不可停顿。上体的前后倾斜或重心的左右摇摆，是初学者易犯的错误之一。出现这类问题可以由同伴拉住右（左）手进行专门的分解练习，也可以在练习中有意将右（左）手或右（左）肩向出腿的反方向牵拉，体会正确动作的感觉，保持身体适度的倾斜，直至纠正错误动作。

（三）横踢

动作过程：从左架准备姿势开始，右腿击步提左膝。提起左膝，同时髋部略向右转，膝盖朝前，大小腿折叠，脚踝放松、绷直。右支撑脚外旋，膝盖朝向右侧，左脚下动不停，快速弹踢出小腿，脚面击打后，小腿放松回收。左脚自然落下，还原成准备姿势。

动作要领：目视对方，头向上顶。躯干侧向左90度，上体略后倾40度左右。支撑腿微屈（膝关节），动作完成过程中支撑腿脚尖主动拧转，击打接触对方的一瞬间蹬伸膝关节，以利整体发力。两手臂自然置于体侧。击打腿向前提膝过腰，由屈至伸的过程中，膝关节扣向内侧，击打时，膝关节完成伸直抽打动作。

动作重点：①击打腿蹬地、支撑腿外旋以及拧髋扣膝，这三个动作要同时启动、同时完成，更为重要的是完成这三个动作时要注意整体性、主动性。

②分解练习时，可将动作分成两部分，第一步完成击打准备动作，肩、髋和膝成一直线，髋、膝和踝成一平面。这就是"三点成一线、三点成一平面"，它既是教练观察学员动作是否规范到位的标准，又是学员镜面训练或同伴相互纠错的标准。

③注意击打腿在击打发力时膝关节的伸直动作，一是确保击打位置的准确性，二是防止完成动作过程中过度拧转。

④支撑腿在外旋拧转的过程中易出现拧转过度的现象，因此，在拧转到位时可利用放下脚跟的动作来实现"刹车"。避免因过度拧转造成动作变形，进而影响动作质量和击打效果。

⑤横踢击打的部位是头部、胸腹部及两肋。

⑥提起左膝时，躯干可稍向右转，髋部则尽量向前送，膝关节走直线略向右转髋。在弹踢小腿时要有一个制动的过程，使脚面产生击打的力度。

易犯错误：上体后仰过多，失去平衡；提膝时没有直线出腿；支撑脚没有积极配合髋部的转动。

练习方法：分解练习，先直线转髋提膝，再完整练习；逐渐提高横踢的高度和远度；两人一组，交替进行移动前横踢练习；空击动作练会后，两人进行脚靶配合练习。

在横踢练习中，要注意夹紧膝关节，面向对方屈膝提起，髋关节微向前送，击打的一瞬间，肩、髋、膝、踝各关节形成一条直线。更为重要的是支撑脚的拧转与拧髋、扣膝要同时进行，不可分解。击打的力量点应在正脚背，当出现直摆问题时，可以采取贴墙壁进行练习的方法，逐步克服错误动作。同时，在练习中减少分解练习，不可对动作分解太细，以免影响动作的完整性。应有目的、有计划地对横踢的不同踢击高度进行交替训练，提高动作的准确性。

（四）下劈

下劈又称劈腿，因运用的方法不同又分为直腿下劈和屈腿下劈。

直腿下劈：在实战姿势的基础上，重心移至左腿，右脚蹬地，大腿尽量上举至对方头部上方（出腿方向在对方头部的左或右侧约10厘米处），由上向前下方用力劈下，快速以脚掌击打目标，迅速落下成原姿势。

屈腿下劈：在实战姿势的基础上，重心移至左腿，右脚蹬地，大腿屈膝尽量上提，小腿随大腿屈膝向上举至最高点，由上向前下方用力劈下，快速以脚掌击打目标，迅速落下成原姿势。

动作要领：头向上顶，略后仰，目视对方。躯干启动时，正面面对对方，微后仰；发力时躯干向外侧拧转，配合拧髋发力，同时躯干向后仰，保持重心。腿跟提起，膝关节伸直，配合头、躯干向上顶起，发力时配合躯干、髋部的拧转动作，脚尖向外旋转。屈膝上提，大腿尽量贴近胸部，小腿放松，脚部自然放松，随大腿的上提向上抛出，直至最高。

易犯错误：起腿不高，出腿太慢。直腿下劈时，出腿的方向在正前方，这就会出现两个问题，一是因对方身体的阻挡使腿无法提起，二是即使腿能够提起，由于击打距离过远和时间较长，对方可轻易防守或反击。

练习方法：开始练习时可扶物体进行提膝、上举腿或完整踢击的辅助练习；进行劈腿技术动作完整空击练习；左右腿进行交替练习；空击动作练会后，两人进行固定靶和移动靶的练习。

下劈是由上向下快速"砸"击的腿法,因此要求在练习、运用过程中,尽量抬高身体重心,攻击腿尽量上举(以脚略超过对方头部为准),大腿与上体贴紧,以提高腿的高度,增加击打距离。起腿要快速、果断;落地时可选择贴靠对方或后撤分开。

针对上述易犯错误,首先应加强身体的柔韧性练习,提高腿部的伸展能力;其次可采用橡皮筋等工具来辅助练习以提高动作速度;最后可利用墙壁等障碍物进行屈膝高举大腿、抛小腿的练习,逐步缩短人与障碍物之间的距离,使运动员能在近距离内完成屈腿高举的动作。

(五)推踢

动作过程:左架站立,右脚蹬地屈膝上提。左脚以脚掌为轴外旋180度,脚掌正对前方。右脚快速向前方由屈到伸直线踢出,力点在脚掌。击打后收腿、肌肉放松,重心向前落下,恢复为准备姿势。

动作要领:目视对方,头向上顶。身体正面面向对方,依据需要可略微侧转,进而完成髋关节前送动作。双手成格斗状置于胸前或两侧。膝关节微屈,脚尖外展约45度,重心保持在支撑腿上。向前提膝,由屈到伸,脚尖勾紧,大腿与地面平行或向上45度方向击打,力达脚跟。

易犯错误:①上体过于后仰,重心不能前移;②上体过直,重心下落,腿不能水平前推;③收腿不紧,直腿起,容易被阻截。

练习方法:可手扶物体进行提膝、转髋练习;进行推踢技术动作完整空击练习;左右腿进行交替练习;空击动作练会后,两人进行固定靶和移动靶的练习。

推踢动作的关键在于"推",进攻时兼具防守功能,其主要用于两个动作之间的衔接或当假动作使用。当双方相距较远时,可运用推踢动作来调整距离(过渡动作)。因此,在练习时要注意送髋,重心向前平推,便于衔接下一个动作,上体不可后仰太多,以免身体重心后滞而破坏动作的连贯性。

(六)旋风踢

动作过程:在准备姿势基础上,重心转移到左腿上,右脚稍微提起,身体以左脚为轴向右后原地旋转360度,左腿利用身体旋转的力量迅速提膝,拧髋扣膝,小腿从屈到伸迅速向前横击,力达脚背,迅速落下成原姿势。

动作要领:目视对方,头部沿纵轴做水平旋转,转动迅速。重心移至支撑腿,随头部沿纵轴做水平旋转,击打的一瞬间略向后仰。旋风踢的支撑腿同时是击打腿,因此,在身体旋转时要保持微屈状态,以利完成旋转后的蹬地击打动作。前脚掌支地，后腿跟微提起，结合头部、身体的转动及拧髋动作完成身体整体的旋转。头、躯干和支撑腿自始至终保持一个垂直的状态，从而形成一个纵轴。在旋转的启动阶段，摆动腿迅速贴靠支撑腿，一起完成旋转动作。要尽可能地靠近由头、躯干和支撑腿形成的纵轴，缩小旋转时的身体半径，加快旋转速度。

练习方法：旋风踢实际上就是利用身体旋转获得更大击打力量的横踢。在练习、运用的过程中，由于旋转，身体重心不易控制，上体易左右摇摆而降低击打动作的准确性。控制身体重心的稳定性就成为旋风踢练习的关键。因此，在练习中要注意维持身体的平衡，头要向上顶，身体特别是支撑腿不要太松，要立起来。平时应加强身体平衡器官的训练，采用原地旋转或跳起旋转等辅助练习手段，来提高身体的平衡能力。

作为一个动作结构相对复杂的复合动作，旋风踢在旋转过程中极易出现停顿现象。旋转身体的目的是利用旋转产生的力量来加大击打力度，如果出现停顿或动作衔接不流畅，就会失去旋转的意义，同时也会因为速度降低而给对方带来进攻、反击的机会。应在分解练习的基础上，反复进行完整动作的练习，先慢后快，重点强调动作的连贯性，逐步使动作的各个部分有机地结合起来，保证动作衔接流畅，提高动作质量。

四、基本拳法

现代竞技跆拳道由于竞赛规则的限制和身穿护具的缘故，拳法的攻击杀伤力大为减弱（几乎可以忽略）。快速而有力地用拳击打可以使对方产生位移而得分。但是规则规定，当两人紧贴在一起，一方想摆脱时，不允许推拉对方，这时可采用用直拳击打对方的胸腹部的方法使两人分开。在进攻与反击时，也可用拳法来阻挡对方。拳法主要有左、右直拳两种。直拳的击打部位是胸腹和两肋。

（一）左直拳

动作过程：保持实战姿势，出拳时，左手握拳由屈到伸，当肘臂还未完全伸直时，拳头向右方旋转，拳背向上，同时向右拧腰转肩，力达拳面，迅速收回。拳的高度视目标高低而定。

动作要领：移动、击打一气呵成，中间没有停顿。

（二）右直拳

动作过程：保持实战姿势，右脚蹬地，腰髋部向左旋转，右手握拳由屈到伸，当肘臂还未完全伸直时，拳头向左方旋转，拳背向上，转体、顺肩，向前快速打出，力达拳面，迅速收回。拳的高度视目标高低而定。

动作要领：用拳击打时，要充分利用蹬地、拧腰、转髋、顺肩的合力，握紧拳头，迅猛有力，力达拳面，表现出全身的整体发力击打。另一手臂置于胸前或两肋旁，成防守格挡姿势（动态的防守姿势）。在使用拳腿组合动作时，拳与腿的动作要衔接流畅，转换迅速。

第二节　跆拳道的进攻技术

一、后旋踢

（一）动作过程

①在准备姿势的基础上，以左脚前脚掌为轴内旋，重心移至左腿。

②身体从右后方开始旋转，同时右腿屈膝提起，向斜后方40度左右蹬伸，头向右后方转动。

③身体继续旋转，右腿借助旋转的力量，向对方头部右侧踹出，脚用力向右侧屈膝勾小腿，以脚掌击打对方头部。

④击打后，右脚自然落下，还原成准备姿势。

（二）动作重点

①右腿划弧时，注意有向斜后方蹬伸的动作。

②身体向右后方旋转时，要快速提起右腿。

③身体旋转时，以头部的转动来带动身体的转动。

④小腿在开始时要自然放松，在接触到对方头部时，瞬间绷紧脚面，用脚掌击打，严格掌握勾小腿击打的时机。

⑤后旋踢的整个动作过程中不能出现停滞现象。

⑥保持旋转中身体的稳定和纵轴的垂直。

⑦后旋踢的击打部位是头部。

⑧在对方进攻时使用后旋踢反击。

(三) 练习方法

①左脚前脚掌着地旋转，转身的同时右腿向后蹬伸。
②右腿向后摆动。
③先练习原地旋转360度，右腿的摆动高度逐渐提升。
④进行完整的右架后旋踢练习。
⑤右架后旋踢练习熟练后，练习左架后旋踢。
⑥用脚靶进行后旋踢固定靶以及反应靶的练习。
⑦复习下劈和横踢，用脚靶配合。

二、双飞踢

(一) 动作过程

①右架准备姿势站立，将重心移至左腿。
②右腿先踢出一个横踢动作，在右脚尚未落下时，左腿再迅速踢出一个横踢动作。
③击打后，双脚自然落下，还原成右架准备姿势。

(二) 动作重点

①通常在中远距离时使用双飞踢。双飞踢的第一个横踢一般是为了找到合适的距离或破坏对方的进攻，以便于第二个横踢得分。
②在踢出第一个横踢时，身体可稍微后倾，以便于做第二个横踢。
③在双腿交替击打中，髋部要快速扭转，不能出现停滞现象。
④小腿从弹出到弹直，要有一个制动的过程，让脚产生鞭打的效果。
⑤双飞踢的击打部位是头部、胸腹部以及两肋部。

(三) 练习方法

①熟练掌握右架横踢与左架横踢动作。
②利用交叉脚靶练习双飞踢。
③利用护具练习双飞踢，配合者应原地快速换位。
④双飞踢熟练后可练习三飞踢，即三个连续横踢，还可练习高横踢，即第二个横踢击打头部。
⑤复习双飞踢。

三、勾踢

（一）动作过程

①右架准备姿势站立，重心移至左腿，以左脚前脚掌为轴外旋。
②身体向左前方转动，同时向前提右大腿，头部向左转动。
③右膝向左内扣，右小腿由内向外有一定弧度的摆动并蹬伸小腿，身体随之侧倾。
④身体向右侧屈膝勾小腿，以脚掌击打对方头部。
⑤击打后，右脚自然下落，迅速还原成右架准备姿势。

（二）动作重点

①击打腿出腿的角度、方向和距离要拿捏精准。
②掌握好勾小腿的时机，让击打腿将要伸直但未伸直时完成勾小腿击打工作。
③身体转动时，头部配合转动。
④保证勾踢的连贯性和快速性。
⑤左脚配合髋部的转动，调整身体重心。
⑥勾踢的击打部位是头部。

（三）练习方法

①勾踢练习初期可手扶支撑物，体会向前蹬腿的感觉。
②练习用小腿鞭打。
③进行完整的勾踢练习。
④右架和左架可同时练习。
⑤两人配合用脚靶练习勾踢，先进行固定靶击打练习，然后再进行反应靶的练习。
⑥复习勾踢动作，采用脚靶配合练习。

四、前横踢

（一）动作过程

①左架准备姿势站立，左脚向前垫步，重心移至左腿。
②提起右腿，向前送髋，大腿和小腿略折叠。
③右膝向内，快速弹出小腿，绷紧脚面。

④右腿自然下落,双脚后撤一步,还原成左架准备姿势。

(二)动作重点

①支撑脚要配合向前移动。
②小腿要快速弹出,增加鞭打力量。
③在击打的一瞬间,膝关节方向朝向对方的腹部。
④小腿从弹出到弹直要有一个制动的过程,让脚产生鞭打的效果。
⑤前横踢的击打部位是头部、胸腹部以及两肋部。

(三)练习方法

①练习垫步动作。
②侧平举起右腿,大小腿折叠,弹出小腿。
③练习完整的前横踢动作。
④练熟右架前横踢动作后,练习左架前横踢动作。
⑤练习前横踢击打动作。
⑥用脚靶进行固定靶和反应靶的练习。
⑦两人配合进行击打护具的练习。
⑧复习横踢和下劈动作。

第三节 跆拳道的防守技术

一、利用闪躲进行防守

当对方直接进攻时,我方向后左或右两侧闪躲,利用移动躲闪使对方的进攻动作落空,移动的同时也可以使用横踢、后踢、后旋踢或劈踢腿反击对方。我方第一次进攻后双方距离较近,为了控制对方的反击动作,可采用贴近战术。

闪躲防守是运用身法和步法使身体向某个方向移动,避开对方的攻击,并在保护我方的同时,使身体处于良好的反击的准备状态。在跆拳道比赛中,闪躲的方法主要有左、右闪躲,后撤闪躲和左、右环绕闪躲等。

运用闪躲技术时,应根据临场情势,采取不规则、无规律地闪躲移动的方式来避开攻击并快速反击。首先,要求对时机的把握恰到好处,最好的时机是对方攻击动作完成一半时,以快速的步法避开其攻势而迅速反击。因为此时对方即使发现我方的防守意图也已无法中途改换动作。其次,位移必须准确无误,抢占有利于反击的位置，不可因防守的因素而远离对方（闪躲距离过大）。最后，要保持身体的整体协调，上下一致同进退，应特别注意步幅不可过大而失去身体重心的稳定，影响反击的效果。

二、利用堵截进行防守

堵截是在对方的进攻尚未发动或刚刚发动时，利用身体或动作（如推踢）将对方的进攻堵住截断，使之无法发动攻击。具体使用的方法是，当发觉对方有进攻企图时，迅速上步用身体贴靠对方，不给对方进攻的距离，或使用推踢、侧踢将对方封堵在有效击打距离之外，从而破坏对方的进攻。使用堵截防守技术，首先要判断准确，确定对方将要使用何种动作进攻，依据判断，采取相应措施，实施堵截。其次动作要快速果断。防守毕竟是被动的，只有快速，才能抢在对方未发动前将其制止。

三、利用格挡进行防守

（一）向上格挡

动作过程：在准备姿势的基础上，当对方用腿法攻击头部时，手臂握拳迅速向外上方外旋抬起，拳与头部前额相距10～15厘米，肘与肩同高，手臂紧张，同时身体稍微下沉向外侧拧腰，让对方的攻击腿落在前臂的外侧，用前臂上架格挡，应有一个向上并向外横拨的动作。

动作要领：抬臂要迅速，前臂弯曲上架，头部尽量向后仰，避免对方下劈的力量过大，前臂不能有效格挡时，面部会受到对方的击打。快速向上格挡的同时要准备反击动作，在对方调整好重心或连接下一个动作之前进行反击。

实战演练：防守对方的下劈进攻。

（二）向斜下格挡

动作过程：在右架准备姿势的基础上，左手握拳由上至下，用左前臂向左斜下方格挡，或者右手握拳由上至下，用右前臂向右斜下方格挡。通常情况下，用左前臂格挡，有利于后腿的进攻，进攻动作包括横踢、下劈等；用右前臂格挡，有利于前腿的进攻，进攻动作包括前横踢、横劈和侧踢等。

动作要领：向斜下方格挡时，格挡幅度要小且短促有力。格挡后，手臂没有多余向外撩的动作。在格挡的同时，身体要向格挡的反方向移动，与对方的击打腿保持一定距离，如果对方的力量过大，手臂和护具容易被一起击打。斜下方格挡时，要迅速做出反击动作。

实战演练：防守对方的击打腹部的横踢、前横踢进攻。

（三）向斜上格挡

动作过程：在右架准备姿势的基础上，左手握拳由下至上，用左前臂向左斜上方格挡，或者右手握拳由下至上，用右前臂向右斜上方格挡。通常情况下，用左前臂格挡，有利于后腿的进攻，进攻动作包括横踢、下劈等；用右前臂格挡，有利于前腿的进攻，进攻动作包括横踢、侧踢和下劈等。

动作要领：向斜上方格挡时，格挡幅度要小且短促有力。格挡后，手臂没有多余向外撩的动作。在格挡的同时，身体要向格挡的反方向移动，与对方的击打腿保持一定距离，如果对方的力量过大，手臂和头部容易被一起击打。斜上方格挡时，要迅速做出反击动作。

实战演练：防守对方的击打胸部、头部的高横踢、高前横踢、后旋踢、双飞击头的进攻。

四、利用进攻动作进行防守

在对方进攻时，我方也可以使用进攻动作，即以攻代守，用攻击动作代替防守动作。对方在进攻时身体重心会发生改变，在其调整重心时，我方应该抓住时机进行进攻动作，让对方无法快速撤回身体，从而陷于被动，处于失分的境地。这时我方的攻击动作与平时的进攻动作在身体姿势和移动方向上存在一定差别。

第四节 跆拳道组合技术

一、组合技术动作要求

（一）动作娴熟

各种技术动作的串联组合，首先要求基本技术动作娴熟。比赛紧张激烈，对峙双方始终处在不断运动与变化的过程中，任何攻击动作是否娴熟、规范以及合理，都直接影响到击打效果。在跆拳道比赛过程中，动作的起止路线、击打部位等细小动作，都没有充裕的时间留给运动员去思考。可以说，绝大多数动作是一种条件反射，是在随机情景下的瞬间爆发，它依赖于长期系统的训练。

所谓"见招拆招""见机行事"，正是比赛中双方攻防过程的绝好写照。组合技术的自动化程度越高，动作的衔接就会越顺畅。反之，则不能称之为组合技术而演变成单击，无法取得组合击打的实际效果。因此，在平时的训练中，应该注重基本技术的动作规范，严格按照动作要求进行强化训练。瞬间暴风骤雨般的突然攻击，可以打乱对方赛前拟定的一切预案与计策而使之陷入被动，正所谓"只有招架之力"而无暇顾及于进攻与反击。

（二）简单合理

组合技术要根据跆拳道的运动规律、比赛规律和我方的身体条件、技术风格和战术特点，对各类技术动作进行合理有序的组合。这些组合一方面适合我方的身体形态，能充分发挥我方的技术特长，另一方面尽可能地隐藏我方的弱点与短处，在运动中把它们消弭于无形，使对方找不到我方的破绽、寻不到时机而无法进攻与反击。在运用组合技术时，要选择那些简单、快速、实用且具威慑力的动作来串联组合，避免使用结构繁复且难度较大的动作组合，而影响组合击打的速度与连续性。

（三）衔接流畅

在组合技术的运行过程中，动作应该衔接流畅，要确保动作的连续性和完整性。因此，在训练中，应该注重动作之间的衔接，善于将各种动作有机连接在一起。动作衔接时要随时控制好身体重心（依据后续动作的需要，身体重心要有预留），保持运动方向、动作方向、身体重心、后续动作趋势的一致性。

（四）灵活多变

在跆拳道比赛中，形势是不断变化的，相同的技术在不同的回合中会因为双方的心智和体能的变化在运用上发生变化。值得注意的是，对动作过程实施有效地掌握才能在变化中主动求变，不因突发意外而措手不及、手忙脚乱，陷之于被动。只有随机应变，才能让技术动作不给对方可乘之机。

二、进攻组合技术

（一）前腿进攻组合技术

1. 前横踢技术动作组合

①前腿横踢进攻—格挡进身。

训练要求：进攻与格挡近身衔接要快，动作协调，要有实战意识。

②前腿横踢进攻—前横踢进攻。

训练要求：前腿横踢与前横踢进攻衔接要快，动作协调，要有实战意识。

③前腿横踢进攻—后横踢进攻。

训练要求：前腿横踢与后横踢进攻衔接要快，动作协调，要有实战意识。

④前腿横踢进攻—后下劈进攻。

训练要求：前腿横踢与后下劈进攻衔接要快，动作协调，要有实战意识。

练习方法：从准备姿势开始，空击或打沙袋直接起前腿横踢两次进攻，也可两人配合，踢击脚靶、护具。

2. 前高横踢进攻技术组合

①前高横踢进攻对方的头面部—后横踢进攻。

训练要求：进攻衔接要快，动作协调，要有实战意识。

②前高横踢进攻对方的头面部—前下劈阻击。

训练要求：进攻衔接要快，动作协调，要有实战意识。

③前高横踢进攻对方的头面部—前腿横踢进攻。

训练要求：进攻衔接要快，动作协调，要有实战意识。

④前高横踢进攻对方的头面部—后下劈进攻。

训练要求：进攻衔接要快，动作协调，要有实战意识。

练习方法：从准备姿势开始，使用组合技术进行空击或打沙袋练习，也可两人配合，踢击脚靶、护具。

3. 跳劈进攻技术组合

①后横踢进攻—进攻前跳劈。

训练要求：进攻与进攻衔接要快，动作协调，要有实战意识和距离。

②前横踢进攻—进攻前跳劈。

训练要求：进攻与进攻衔接要快，动作协调，要有实战意识和距离。

③前侧踢进攻—进攻前跳劈。

训练要求：进攻与进攻衔接要快，动作协调，要有实战意识和距离。

④进攻前跳劈—前横踢进攻。

训练要求：进攻与进攻衔接要快，动作协调，要有实战意识和距离。

⑤进攻前跳劈—后横踢进攻。

训练要求：进攻与进攻衔接要快，动作协调，要有实战意识和距离。

练习方法：从准备姿势开始，使用组合技术进行空击或打沙袋练习，也可两人配合，踢击脚靶、护具。

4. 前腿侧踢进攻技术组合

①前腿侧踢—前腿横踢进攻。

训练要求：进攻与进攻衔接要快，动作协调，要有实战意识和距离。

②前腿侧踢—后横踢进攻。

训练要求：进攻与进攻衔接要快，动作协调，要有实战意识和距离。

③前腿侧踢—后腿下劈进攻。

训练要求：进攻与进攻衔接要快，动作协调，要有实战意识和距离。

④前腿侧踢—前腿下劈阻击。

训练要求：进攻与阻击衔接要快，动作协调，要有实战意识和距离。

练习方法：从准备姿势开始，使用组合技术进行空击或打沙袋练习，也可两人配合，踢击脚靶、护具。

5. 前腿双飞踢进攻技术组合

①前横踢进攻—前腿双飞踢进攻。

训练要求：进攻与进攻衔接要快，动作协调，要有实战意识和距离。

②后滑步—反击前腿下劈—前腿双飞踢进攻。

训练要求：后滑步反击与进攻衔接要快，动作协调，要有实战意识和距离。

③前跳劈进攻—前腿双飞踢进攻。

训练要求：进攻与进攻衔接要快，动作协调，要有实战意识和距离。

④后横踢进攻—前腿双飞踢进攻。

训练要求：进攻与进攻衔接要快，动作协调，要有实战意识和距离。

练习方法：从准备姿势开始，使用组合技术进行空击或打沙袋练习，也可两人配合，踢击脚靶、护具，条件性实战。

6. 旋风踢进攻技术组合

①后横踢进攻—进攻旋风踢。

训练要求：进攻与进攻衔接要快，动作协调，要有实战意识和距离。

②前横踢进攻—进攻旋风踢。

训练要求：进攻与进攻衔接要快，动作协调，要有实战意识和距离。

③前腿下劈进攻—进攻旋风踢。

训练要求：进攻与进攻衔接要快，动作协调，要有实战意识和距离。

④后腿下劈进攻—进攻旋风踢。

训练要求：进攻与进攻衔接要快，动作协调，要有实战意识和距离。

练习方法：从准备姿势开始，使用组合技术进行空击或打沙袋练习，也可两人配合，踢击脚靶、护具，条件性实战。

（二）后腿进攻组合技术

1. 后横踢技术进攻组合

①后横踢进攻—格挡进身。

训练要求：进攻与格挡近身衔接要快，动作协调，要有实战意识。

②后横踢进攻—前横踢进攻—后高横踢进攻。

训练要求：进攻与进攻衔接要快，动作协调，要有实战意识。

③后横踢进攻—前下劈阻击。

训练要求：进攻与阻击衔接要快，要有实战意识和距离。

④后横踢进攻—后下劈进攻。

训练要求：进攻与进攻衔接要快，要有实战意识和距离。

⑤后横踢进攻—前腿双飞踢进攻。

训练要求：进攻与进攻衔接要快，要有实战意识和距离。

练习方法：从准备姿势开始，空击或打沙袋直接起前腿横踢两次进攻，也可两人配合，踢击脚靶、护具。

2. 后高横踢进攻组合

①后横踢进攻—后高横踢进攻。

训练要求：进攻与进攻衔接要快，要有实战意识和距离。

②后高横踢进攻—前下劈阻击。

训练要求：进攻与阻击衔接要快，要有实战意识和距离。

③前横踢进攻—后高横踢进攻。

训练要求：进攻与进攻衔接要快，要有实战意识和距离。

④后高横踢进攻—后下劈进攻。

训练要求：进攻与进攻衔接要快，要有实战意识和距离。

练习方法：从准备姿势开始，使用组合技术进行空击或打沙袋练习，也可两人配合，踢击脚靶、护具。

3. 后下劈技术进攻组合

①前横踢进攻—后下劈进攻。

训练要求：进攻与进攻衔接要快，动作协调，要有实战意识。

②后横踢进攻—后下劈进攻。

训练要求：进攻与进攻衔接要快，动作协调，要有实战意识。

③前腿双飞踢进攻—后下劈进攻。

训练要求：进攻与进攻衔接要快，动作协调，要有实战意识。

④后下劈进攻—后横踢进攻。

训练要求：进攻与进攻衔接要快，动作协调，要有实战意识。

练习方法：从准备姿势开始，空击或打沙袋直接起前腿横踢两次进攻，也可两人配合，踢击脚靶、护具。

4. 后腿双飞踢进攻组合

①前横踢进攻—后腿双飞踢进攻。

训练要求：进攻与进攻衔接要快，动作协调，要有实战意识。

②后横踢进攻—后下劈反击

训练要求：进攻与反击衔接要快，动作协调，要有实战意识。

③后滑步—反击前腿下劈—后腿双飞踢进攻

训练要求：后滑步反击与进攻衔接要快，要有实战意识和距离。

④后横踢进攻—后腿双飞踢进攻。

训练要求：进攻与进攻衔接要快，动作协调，要有实战意识。

练习方法：从准备姿势开始，空击或打沙袋直接起前腿横踢两次进攻，也可两人配合，踢击脚靶、护具。

三、防守反击组合技术

（一）前腿反击组合技术

1. 前横踢反击动作组合

①后横踢进攻—后滑步—前腿横踢反击。

训练要求：进攻后滑步与反击衔接要快，动作协调，要有实战意识。

②前腿横踢进攻—后滑步—前腿横踢反击。

训练要求：后滑步与反击衔接要快，动作协调，要有实战意识。

③前下劈进攻—后滑步—前腿横踢反击。

训练要求：后滑步与反击衔接要快，动作协调，要有实战意识。

④前腿双飞踢进攻—后滑步—前腿横踢反击。

训练要求：后滑步与反击衔接要快，动作协调，要有实战意识。

练习方法：从准备姿势开始，使用组合技术进行空击或打沙袋练习，也可以两人配合，踢击脚靶、护具。

2. 前高踢反击动作组合

①前腿下劈进攻—后滑步—前高横踢反击。

训练要求：进攻后后滑步与反击衔接要快，动作协调，要有实战意识。

②前腿横踢进攻—后滑步—前高横踢反击。

训练要求：进攻后后滑步与反击衔接要快，动作协调，要有实战意识

③后横踢进攻—后滑步—反击前高横踢。

训练要求：进攻后后滑步与反击衔接要快，动作协调，要有实战意识。

④后下劈进攻—后滑步—反击前高横踢。

训练要求：进攻后后滑步与反击衔接要快，要有实战意识。

练习方法：从准备姿势开始，使用组合技术进行空击或打沙袋练习，也可两人配合，踢击脚靶、护具。

3. 前下劈反击动作组合

①前横踢进攻—后滑步—前下劈反击。

训练要求：进攻后后滑步与反击衔接要快，要有实战意识和距离。

②后横踢进攻—后滑步—反击前下劈。

训练要求：进攻后后滑步与反击衔接要快，要有实战意识和距离。

③后下劈进攻—后滑步—反击前下劈。

训练要求：进攻后后滑步与反击衔接要快，要有实战意识和距离。

④进攻前跳劈—反击前下劈。

训练要求：进攻后后滑步与反击衔接要快，要有实战意识和距离。

练习方法：从准备姿势开始，使用组合技术进行空击或打沙袋练习，也可两人配合，踢击脚靶、护具。

4. 前腿侧踢反击技术组合

①前腿双飞踢进攻—后滑步—前腿侧踢反击。

训练要求：进攻后后滑步与反击衔接要快，要有实战意识和距离。

②前腿横踢进攻—后滑步—前腿侧踢反击。

训练要求：进攻后后滑步与反击衔接要快，要有实战意识和距离。

③后腿横踢进攻—后滑步—前腿侧踢反击。

训练要求：进攻后后滑步与反击衔接要快，要有实战意识和距离。

④后腿下劈进攻—后滑步—前腿侧踢反击。

训练要求：进攻后后滑步与反击衔接要快，要有实战意识和距离。

练习方法：从准备姿势开始，使用组合技术进行空击或打沙袋练习，也可两人配合，踢击脚靶、护具，条件性实战。

5. 前腿双飞踢反击技术组合

①后滑步—反击后横踢—反击前腿双飞踢。

训练要求：后滑步反击与进攻衔接要快，要有实战意识和距离。

②后滑步—反击前横踢—反击前腿双飞踢。

训练要求：后滑步反击与进攻衔接要快，要有实战意识和距离。

③前横踢进攻—后滑步—反击前腿双飞踢。

训练要求：进攻后后滑步与反击衔接要快，动作协调，要有实战意识。

④后横踢进攻—后滑步—反击前腿双飞踢。

训练要求：进攻后后滑步与反击衔接要快，动作协调，要有实战意识。

练习方法：从准备姿势开始，使用组合技术进行空击或打沙袋练习，也可两人配合，踢击脚靶、护具。

6. 旋风踢反击组合

①后滑步—反击旋风踢。

训练要求：后滑步与反击衔接要快，要有实战意识和距离。

②前腿下劈反击—反击旋风踢。

训练要求：技术动作衔接要快，要有实战意识和距离

③后滑步—前横踢反击—反击旋风踢。

训练要求：技术动作衔接要快，要有实战意识和距离。

④后横踢进攻—反击旋风踢。

训练要求：技术动作衔接要快，要有实战意识和距离。

练习方法：从准备姿势开始，使用组合技术进行空击或打沙袋练习，也可两人配合，踢击脚靶、护具，条件性实战。

（二）后腿反击组合技术

1. 后横踢技术反击组合

①后横踢反击—格挡进身。

训练要求：进攻与格挡近身衔接要快，要有实战意识。

②前横踢进攻—后滑步—后横踢反击。

训练要求：进攻后后滑步与反击衔接要快，动作协调，要有实战意识。

③后横踢进攻—后滑步—后横踢反击。

训练要求：进攻后后滑步与反击衔接要快，要有实战意识和距离。

④前下劈进攻—后滑步—后横踢反击。

训练要求：进攻后后滑步与反击衔接要快，要有实战意识和距离。

⑤前腿双飞踢进攻—后滑步—反击后横踢。

训练要求：进攻后后滑步与反击衔接要快，要有实战意识和距离。

练习方法：从准备姿势开始，使用组合技术进行空击或打沙袋练习，也可以两人配合，踢击脚靶、护具。

2. 后高横踢反击组合

①前下劈进攻—后滑步—后高横踢反击。

训练要求：进攻后后滑步与反击衔接要快，动作协调，要有实战意识。

②前横踢进攻—后滑步—后高横踢反击。

训练要求：进攻后后滑步与反击衔接要快，动作协调，要有实战意识。

③后横踢进攻—后滑步—后高横踢反击。

训练要求：进攻后后滑步与反击衔接要快，动作协调，要有实战意识。

④后下劈进攻—后滑步—后高横踢反击。

训练要求：进攻后后滑步与反击衔接要快，动作协调，要有实战意识。

练习方法：从准备姿势开始，使用组合技术进行空击或打沙袋练习，也可两人配合，踢击脚靶、护具。

3. 后下劈技术反击组合

①前横踢进攻—后下劈反击。

训练要求：进攻与移步反击衔接要快，动作协调，要有实战意识。

②后横踢进攻—后下劈反击。

训练要求：进攻与移步反击衔接要快，动作协调，要有实战意识。

③后下劈进攻—后滑步—后下劈反击。

训练要求：进攻后后滑步与反击衔接要快，动作协调，要有实战意识。

④前下劈阻击—后滑步—后下劈反击。

训练要求：进攻后后滑步与反击衔接要快，动作协调，要有实战意识。

练习方法：从准备姿势开始，空击或打沙袋直接起前腿横踢两次进攻，也可两人配合，踢击脚靶、护具。

4. 后腿双飞踢反击组合

①后滑步—后横踢反击—后下劈反击。

训练要求：后滑步反击与反击衔接要快，要有实战意识和距离。

②前横踢反击—后腿双飞踢反击。

训练要求：后滑步反击与反击衔接要快，要有实战意识和距离。

③前横踢进攻—后滑步—后腿双飞踢反击。

训练要求：进攻后后滑步反击与进攻衔接要快，要有实战意识和距离。

练习方法：从准备姿势开始，使用组合技术进行空击或打沙袋练习，也可两人配合，踢击脚靶、护具，条件性实战。

第七章　跆拳道基本战术

为了获得比赛的胜利，根据我方和对手的具体情况，而采取的一系列计策和行动即跆拳道战术。如果战术使用得合理，便可以很好地在比赛中发挥我方的特长，限制对方的特长，从而使比赛局面对自己更加有利，掌握比赛的主动权。由此可见，跆拳道比赛除了是技术水平上的对抗以外，同时也是心理、意志与智慧的较量。本章分为跆拳道战术概述、跆拳道的比赛战术、跆拳道战术的种类与运用三部分。

第一节　跆拳道战术概述

一、跆拳道战术特点

在跆拳道比赛中，战术的运用具有独立性、目的性、预见性、隐蔽性、应变性等特点，具体分析如下所示。

（一）独立性

跆拳道运动属于一对一的攻防格斗对抗，所采用的战术往往是个人战术，也就是仅仅靠运动员一个人来战胜对手所需要用到的计谋和行动。与其他项目的战术相比，跆拳道战术具有很强的独立性。运动员需要运用自己的身体、技术、心理等多方面的能力和战术，依靠自己的智慧、强烈的战术意识、精准的判断以及顽强的精神，快速且有效地击败对手，在比赛中胜出。

在比赛当中，跆拳道的这种独立性对运动员提出了以下要求。
①具有较强的综合实战能力。
②在攻防部署方面要有一定的预见性。
③要能够做到主动进攻和防守。

④对于攻和防的转换要迅速。

⑤在赛场上要有较为准确的判断。

总而言之一句话，就是要做到巧于心计、思于谋略、善于应变，只有这样才能打败对手，获得比赛的胜利。

（二）目的性

在比赛过程中，不管运动员怎样组织和运用战术，必然都带有一定的制胜目的，对于战术的组织和运用，应符合以下要求。

①对自己的实际情况要有一个较为充分的了解。

②将自己的身体、技术等条件作为组织和运用战术的主要依据。

③所选择的攻守战术形式和方法要与自己的水平相符。

（三）预见性

跆拳道战术可以说是比赛的核心与灵魂，它是运动员之间智慧的较量，是他们在充分了解了对手的实际情况做出一些合理预测和判断之后，所采取的相应的计谋和行动。任何战术行动都应该是在已经进行过正确的预见和判断的基础上进行的，只有这样才能做到有的放矢、一击必中。

需要特别注意的是，在实战比赛当中，运动员万万不可凭空猜测对手的战术意图和战术动作，而是应该采用较为科学的方式进行合理的推断。此外，运动员还应该对跆拳道的运动规律进行较为熟练的掌握，对比赛的特点、战术的优劣以及临场情势的变化进行充分了解，做到见微知著，并通过合理的预测和判断为下一步战术部署做好准备。

（四）隐蔽性

巧妙地隐藏自己的真实战术目的、意图、行动、规律和方法，即战术的隐蔽性。战术隐蔽性使用的精髓就是想办法不让对手摸清自己真正的战术意图，努力做到以假示人，不将自己暴露给对手。具体做法就是使用诡诈的打法和假动作去扰乱、迷惑和欺骗对手，让对手产生一些假象和错觉，难辨真假。只要对手受骗上当，就要迅速出击，使其防不胜防。

（五）机动灵活性和应变性

运动员在制订跆拳道战术时，往往都会充分考虑自己与对手的实际情况，而在实战比赛当中，对于战术的应用，则应根据比赛现场的情势灵活地进行，一旦发生变化，就要及时做出调整，这就是战术的机动灵活性和应变性。

跆拳道比赛的一大特点就是节奏非常快,这就要求运动员在比赛的过程中不能有任何的迟疑和犹豫,否则很容易就会贻误战机,错失最佳攻击机会,甚至还会导致比赛失败。所以,运动员要善于发现对手的破绽,抓住机会,并采用行之有效的动作方式进行突袭。此外,还应具备良好的应变能力,对对手的动作意图进行准确的判断,灵活运用战术。

二、跆拳道战术构成

跆拳道战术主要由战术观念、战术指导思想、战术意识、战术知识、战术形式、战术行动等构成。

(一)战术观念

战术观念是指对跆拳道比赛战术概念、战术价值功效及运用条件等进行认识和思考后产生的观念。在跆拳道运动中教练员和运动员本身所具有的知识结构(不仅包括跆拳道运动的基本知识,还有其他相关知识)、竞赛经验、认知特点和思维方式决定了他们本身战术观念的形成,并对他们在比赛中进行战术思考、制定战术方案、实施战术训练等有着重要的指导意义。

(二)战术指导思想

在战术观念的影响下,根据比赛的具体情况所提出的战术运用的活动准则即战术指导思想。它能够将战术运用者的战术观念非常明显地体现出来,是指导战术行动的规范和模式、战术活动的核心以及跆拳道比赛的活动准则。战术指导思想是否正确,直接影响着比赛中所采取战术的针对性和时效性的强弱,正确的战术指导思想对跆拳道运动的发展起着较为积极的指导和推动作用。因此,在每次跆拳道比赛之前,教练员和运动员都应该根据比赛的具体情况,明确提出本队以及运动员个人的战术指导思想。

(三)战术意识

跆拳道战术意识是运动员在比赛中根据场上的情况,按照一定战术目的,通过感觉、观察、思维来支配自己正确合理地运用技战术的心理过程。主要包括使用技术的目的性、行动的预见性、判断的准确性、行动的应变性、动作的隐蔽性等要素。战术意识是影响跆拳道运动员发挥运动技术水平和取得优秀比赛成绩的重要因素之一。

运动员战术意识的强弱,是他们运用技术、战术能力水平高低的最直接反映。如果一名运动员具有非常强的战术意识,那么不管他所处的竞赛环境有多么复杂，他都能够及时且准确地观察赛场上的变化情况，做到随机应变，从而能够快速、正确地更改自己的行动方案。因此，培养运动员的战术意识也就成了跆拳道战术训练的一个中心环节。在训练过程中，教练员要想办法借助各种途径来提升运动员的思维能力，使他们学会比较、分析、综合、判断和推理等一系列思维方法，进而帮助他们提高战术意识水平。跆拳道运动员主要通过文化学习、训练和比赛活动等来逐步形成自身的战术意识。

（四）战术知识

与跆拳道比赛有关的一系列战术理论和实践运用的知识即战术知识，它的形式主要有理论知识和经验知识两种。战术理论知识具体包括以下几方面。

①跆拳道战术的一般概念。
②跆拳道战术的指导思想。
③跆拳道战术的分类、发展、演变以及未来的发展趋势。
④战术应用的基本原则和一般规律。
⑤所有攻防战术的形式、优缺点以及在比赛中所起到的作用。
⑥比赛规则对战术运用的制约。
⑦规则的发展变化所引起的战术的变革和创新等。

运动员具有丰富的战术理论知识主要有以下几点好处。
①能帮助运动员提高个人战术意识。
②能帮助运动员在短时间内掌握多种战术，提高战术质量。
③能使运动员选择和运用战术时更具合理性。

运动员在跆拳道实战中，运用跆拳道战术理论和方法所积累的经验，即战术经验知识。战术知识能够帮助运动员理性地去认识一些战术问题，它作为一项理论基础，指导着运动员战术意识的形成和强化。若想使运动员的战术知识更加丰富，可以通过开展理论讲授和观看比赛等方法来实现。跆拳道运动员应具备的战术知识主要包括以下几方面。

①跆拳道战术运用的条件和基本原则。
②了解所有攻防战术的形式、作用和优缺点。
③跆拳道战术的发展过程、演变过程以及未来的发展趋势。
④对付各种战术所能用到的对策和有效范围。
⑤比赛规则对跆拳道战术的一些要求和限制。
⑥对手在技术、战术、身体、心理、习惯、训练比赛上的特点等。

（五）战术形式

在战术活动中，不管是在形态上还是在结构上都相对稳定的行为方式，即战术形式。比如，进攻分为直接进攻、间接进攻、连续进攻；反击则包括防守反击、连续反击、反反击、迎击等。

（六）战术行动

为达到特定的战术目的，所采取的动作、动作系列或动作组合，即战术行动。它对战术指导思想、战术意识以及运动员的身体、技术、心理等方面的水平有很强的依赖性。可以说，它是建立在特定技术、身体、心理等方面基础上的一项具有较强目的性和针对性的活动。在跆拳道比赛的过程中，运动员要想确保所采取的战术行动具备合理性，必须要做到以下几点。

1. 有针对性

在运用战术时，应有针对性地去使用战术方法，只有这样才能有效地限制和制约对手的进攻，进而使自己在比赛当中占据绝对的主动权。此外，在比赛情势发生变化的情况下，也要及时调整和变化战术方法，否则很有可能就会对比赛的最终胜利产生一定的影响。

2. 符合实际

在跆拳道比赛中，运动员必须要根据自己的特点来选择合适的战术，只有这样才能对战术进行更好的掌握，增强战术的使用效果。可以说，对战术掌握的熟练程度，在很大程度上决定着战术质量的高低和完成战术行动的有效性。此外，战术的自动化程度越高，运动员使用起来就越得心应手。

3. 灵活应变

运动员在运用战术时，应时刻根据跆拳道技术、战术的发展和比赛规律进行灵活的变动。要知道，战术没有绝对的先进和落后，战术的先进程度是随时会发生变化的，没有哪一个战术会永远先进或者落后。除此以外，在比赛的过程当中，对手所采用的战术形式也并不是一成不变的。所以，必须要做到在不断学习和研究的过程中，提高战术的质量，不断更新战术内容，尽可能多地去掌握一些先进的战术，从而使自身不仅能正确执行战略和战术，还可以把握住比赛的实际，提高应变能力和战术的应用效果。

4. 突出特长

在战术上，运动员必须要拥有其他人所没有的新的战术，或者虽然战术相同，但在打法上有一些过人之处的绝招，只有这样才能牢牢把握住取胜的有力武器，从而使对手难以招架，获得比赛的胜利。

5. 善于创新

跆拳道运动员要重视战术上的创新。战术的创新能够使运动员的战术能力得到很大程度的提高，这样就能在赛场上让对手在短时间内变得束手无策，从而保证自己在赛场上占据主动权。可以说，一名运动员所拥有的战术数量越多、越新，那么他在比赛过程中也就有更多的选择机会。

第二节　跆拳道的比赛战术

一、跆拳道比赛战术的基本原则

（一）战术设计的基本原则

①设计战术要灵活多变。设计战术应考虑不同形式间的衔接关系，利用多种战术方法，利用比赛场上的时间、空间、方向和位置设计等最大限度地体现不同进攻方向及进攻点。

②设计战术要有针对性。在跆拳道比赛中，了解对方的实际情况，再针对其设计合理的战术也是取胜的关键。

（二）跆拳道比赛的战术原则

跆拳道比赛的战术原则，是制订战术计划、实施战术方案必须遵循的准则，主要的战术设定原则有以下几条。

1. 攻防兼顾的战术原则

对于攻防兼顾原则通常是根据比赛时的具体情况灵活应用的，主要包括以下几方面。

①在比赛过程中，如果对手的实力更强，则应加强防守，并运用防守反击战术来与对手进行对抗。

②在比赛过程中，如果对手的实力更弱，则最好应采取主动进攻的战术，把握主动权，从而赢得比赛。

③在比赛过程中，如果双方的实力相当，则应攻防兼顾，做到有序进攻、稳妥防守，抓住机会，运用最有效的战术进行猛攻。

2. 利用控制与反控制原则

在跆拳道比赛中，常常会出现这样的情况，就是不管一名运动员的专项身体素质有多么好，战术水平有多高，他的一举一动很轻易地就会被对手控制住，使得自身具有的优势得不到有效发挥，从而导致比赛的失败。这种控制就是运用技战术扼制对手进攻的最有效方法。

如果一名运动员具有较好的控制能力，并且在技战术运用方面也较为合理，那么这名运动员就能够在比赛中占据主动和优势。反之则会处于被动和劣势。但是，如果处于劣势的这名运动员的反控制技战术更胜一筹，那么这名运动员就很有可能会变被动为主动。

3. 灵活多变原则

跆拳道赛场上的局势是千变万化的，比赛时如果总用为数不多的战术，甚至采用固定的战术，就容易被对手摸到规律，使自己陷入被动挨打的局面。因此，在设计战术和进行战术训练时，要根据比赛中可能发生的情况，多考虑战术组合及其相互之间的衔接配合和变化运用。

利用多种技战术方法，最大限度地体现不同的进攻方向和进攻点。利用比赛场上的时间、角度、方向和位置，以及真假动作的交替变化，即利用一切可以利用的条件，在规则允许的前提下设计和练习灵活多变、多种形式的战术组合、战术意图。而且，这些战术一定要有针对性和实效性，否则，只有华而不实的技战术，动作组合形式再多，动作再漂亮，也不可能取得最终的胜利。

4. 了解对手的实际情况

《孙子兵法》曰："知己知彼，百战不殆。"即只有正确地认识自己，清楚地了解对手的实际情况，才能够百战百胜。跆拳道比赛中同样需要运用这一策略。要想战胜对手，就要了解对手的具体实力和各种优缺点，然后针对这些具体情况考虑设计相应的战术，实现运筹帷幄。因此，在双方交战前一定要全面了解对手的具体情况，一般从以下五个方面具体了解。

（1）身体素质条件

运动员之间的身体素质条件各不相同，有的力量大，有的体力好，有的反应快，有的协调性好，有的柔韧性好，有的动作灵敏。针对这些不同素质特长的对手，应该采用相应的克制其特长素质发挥的战术。例如，对柔韧性好的对手，要利用步法移动不断改变相对角度，使其不能准确地发挥柔韧性和腿法好的优势，也可利用假动作近身的打法，控制其起腿。

（2）专项技术水平

要清楚地知道对手在比赛的专项技术上有哪些优势，比如说他善于用什么踢法，主要得分手段是什么，常用的得意技术组合是什么，防守的弱点在哪里等。针对这些具体的优势和缺点，采用相应的技战术，一方面克制其优势，另一方面针对其技术薄弱环节进行反攻，达到避其长，击其短的战术目的。

（3）攻防类型

跆拳道运动员的攻防类型主要有以下几种。

①主动进攻型。

②以防守反击为主的防守型。

③攻守持平的综合性。

在比赛前，要对对手的攻防类型有一个较为详细的了解，然后制定相应的技战术与之相对应，在控制其优势的基础上战胜他。

（4）动态类型

根据运动员在赛场上所表现出来的动态类型，来制订所采用的战术。比如，如果对手是力量型选手，那么就要用能够以快制力、以巧制力的战术，只有这样才能阻止对手力量的发挥；如果对手是技术型选手，那么就可以通过做一些假动作来改变距离和位置的角度，堵住对手的进攻路线，然后再采用连续进攻的战术。

（三）战术训练的基本原则

1. 系统性与实战性相结合

从系统论的角度来看，跆拳道战术系统可以分为多个子系统，并且每个子系统所具有的特点和功能都不尽相同。如果是从进攻和防守的角度来看的话，可以将跆拳道的战术系统分为以下两种：第一，进攻战术系统；第二，防守反击战术系统。根据战术训练内容的逻辑体系进行完整系统的训练，并且有机地将每个环节的战术串联起来，从而能够更好地突出重点，运用更加科学和现代的方法进行训练是系统性原则的基本精神。

2. 注意培养战术意识

通常情况下，教练员和运动员会在充分了解对手的前提下，利用双方的共同智慧，来制订比赛时所要用到的最为合理的战术打法。但必须要清楚的一点就是赛场上的情况并不是一成不变的，这就需要运动员在日常训练中，培养自己的战术思维以及独立判断能力和应变能力，只有这样才能在赛场上根据对手的情况来制订相应的对抗战术。培养战术意识的方法主要有以下几点。

首先，运动员在日常的学习中要加强文化学习，了解跆拳道技战术特点及其客观规律。

其次，教练员应在技术训练中培养运动员的战术意识，技术是战术的基础，战术取决于技术，系统地学习、掌握技术是提高战术意识的重要环节。

最后，实战是训练的最终目的，前期的一切训练必须在实战中加以检验，运动员的战术意识必须通过实战这一有效的途径加以培养和提高。只有通过以上这几种方法的练习，运动员才能在比赛中合理利用战术，赢得比赛。

在跆拳道训练中，要根据运动员的自身条件，制订出几种能充分发挥其特长，弥补其缺陷的战术及技术，同时还要让运动员掌握其他各种战术及技术，以适应复杂多变的比赛。

3. 基本战术与多种战术相结合

教练员应在平时的训练中要求运动员多熟练掌握最基本的战术，并在此基础上，让他们根据自身特点，在确保实效性和实用性的前提下，另外选择几种其他战术进行反复练习，使他们能更好地应付不同战局。

4. 战术训练与其他训练相结合

只有具备了一定的技术水平才有提高战术的可能，如果一名运动员对基本技术还没有完全掌握，那么想要提升战术根本就是一件不可能的事情。战术训练与身体训练、心理训练、技术训练是分不开的。一次成功的战术是多方面共同协调作用的结果，因此战术训练要与技术训练、心理训练、身体训练协调进行。如战术形成以体能为基础，不同的战术需要不同的体能，体能中的速度、爆发力和灵敏性等运动素质是比赛取胜的基础和支撑之一。

二、跆拳道比赛战术训练

（一）战术训练要求

①教练员在平时的训练当中要着重对运动员的战术意识进行培养，让他们进行一些对专业理论知识的学习和研究，使他们充分了解和认识跆拳道运动的现状、比赛规律以及今后的发展趋势，从而不断提高他们运用技战术的能力。

②在跆拳道训练中，除了加强运动员基本技术的训练以外，还应让他们多实践和观看比赛，及时总结以往比赛中的经验和教训，努力提高运动员处理赛场上各种突发情况的能力。

③在战术训练中,除了要求运动员全面掌握战术的使用方法以外,还应要求他们严格按照比赛的要求去训练,确保战术训练的高质量。

④在掌握多种战术的基础上,精选几种战术进行进一步的强化训练并且要与组合技术的训练结合起来。

⑤战术的形成往往依靠一定的身体条件、技术水平以及心理和智能,同时还和比赛规则有很大的关系。所以,在进行战术训练时,应有机结合对身体、技术、心理和智能的训练。并且,还应在运动员掌握了基本技术之后,要求他们在复习这项技术时,能够与战术有效结合在一起。比如在复习横踢时,可以设想对手主动进行攻击,则运动员可以在使用完劈腿阻击之后,再进行横踢的复习。

(二)战术训练方法

跆拳道战术的训练方法多种多样,与具体的技术练习紧密结合,针对不同的战术可以有多种训练方法。以下介绍几种常用的跆拳道战术训练方法。

1. 理论讲授法

理论讲授是指教练员将跆拳道战术的基本理论知识和应用的一般规律向运动员进行系统和概括的讲解和传授,内容包括战术概念、分类、形式,如何设计战术和运用战术,以及不同战术形式的运用条件等。战术理论知识是运动员运用技战术的基础。讲授时要注意系统性和概括性,同时还要理论联系实际,如结合比赛的规则讲解各种战术的运用条件,通过特殊战例讲解战术的形式、运用的规律等。这些讲解方式,既可使运动员对跆拳道战术有初步的了解,为深入学习做好准备,同时又可使运动员有生动、形象、直观的实践感受。

2. 模拟训练法

教练员通过对不同战术所需要的动作进行模拟,有针对性地进行计划性战术练习,即模拟训练。模拟训练可以提高运动员的战术意识、动作判断能力、反应能力以及战术运用能力。练习的过程中要做到力量由轻到重、速度由慢到快,练习的程度要无限接近实战水平,甚至是超出实战水平。一方运动员模拟假动作战术另一方运动员通过准确的识别、判断,做出相应的对策等。

3. 分解训练法

分解训练是指在跆拳道训练中将某种复杂的战术分解成几个部分,然后逐一进行练习。在进行跆拳道训练的分解训练时,要把握战术的关键环节,着重解决关键性的问题,并且在运动员已将各分解部分运用熟练时,将分解的部分连接起来进行完整练习。

4. 喂招训练法

教练员或者其他运动员根据一定的攻防要求,同时结合实战意识,有目的性地给练习者喂引动作,同时也可以借助脚靶或者护具,以对练习者的练习起到一定的帮助作用,这种训练方法即喂招训练。并且在跆拳道训练的过程中,这种方法是经常被用到的,人们对它的重视程度也比较高。

在借助脚靶进行喂招训练时,要求教练员或其他运动员手持脚靶,配合练习者进行战术训练。比如将脚靶通过低、中、高不同的高度快速出靶或连续出靶,让练习者进行技战术练习等。

在借助护具进行喂招训练时,要求教练员或其他运动员身穿护具,并在练习者进行进攻、防守、反击、迎击等训练的过程中,通过身体的移动来给予适当的配合。这种练习可以使练习者的进攻和防守反击的动作质量有很大程度的提高,同时还能使他们击打得更准确、步法更灵活、距离感更好。

5. 战例分析训练法

让运动员通过观看现场比赛或比赛录像,对自己之前打过的比赛进行回忆,对比赛中的战术打法、特点、运用战术的方法等进行综合的分析、研究、判断、总结的训练方法,即战例分析训练法。在比赛录像的选择上,重点要看运用战术较为典型的片段,这里既包括战术应用得比较成功的,又包括因为战术应用失误而造成比赛失败的,然后教练员和运动员根据具体情况进行分析、总结,研究相应的战术。通过这种方法,除了能够对运动员的综合分析能力和判断能力进行培养以外,还可使他们的战术能力和质量得到进一步的提高。

6. 条件实战法

条件实战是指根据训练的需要,在规定使用的技战术动作范围内进行对抗训练的方法。这种方法虽然包含了实战因素,但其目的主要是训练和培养练习者的战术意识和战术运用能力,而不是单单为了比赛获胜。在训练的过程中,可以根据相关任务和内容做一些规定,比如初期训练时为了防止受伤,可以规定点到为止,或只限于一次进攻与防守反击,不允许连续进攻和反击。条件实战是在一定条件下有针对性地进行练习,这种训练可以培养运动员运用一些特定技战术的能力,增强他们的距离感以及攻防意识,对于训练和提高他们在某一方面的能力和某一战术方法的运用能力有很大的帮助。这种方法在平时对运动员进行战术训练的过程中经常会用到。

7. 实战比赛法

根据跆拳道比赛的相关规定和要求，在比赛的条件下，对运动员运用战术的能力进行训练，以丰富他们的临场实践经验的训练方法即实战比赛法。在训练中可以从难、从严、从实战出发，安排有特定条件的实战比赛，重点训练较弱的运动员；也可以采用车轮战的方式让每一位运动员都与不同级别、不同技战术特点、不同风格的运动员进行实战比赛，从而来提高运动员全方位的能力。实战是对技战术训练效果的有效验证和进一步促进。

三、进攻的最佳时机

①当对方没有重心的时候。
②当对方被你的假动作所迷惑的时候。
③当对方脑子里一片空白的时候。
④当对方没有再战能力的时候。
⑤当对方习惯于某一个动作的时候。
⑥当对方受伤的时候。
⑦当发现对方的进攻动机的时候。
⑧当对方无意识的时候。
⑨当对方没有体力的时候。
⑩当对方胆怯的时候。

冰冻三尺，非一日之寒！
耳闻之不如目见之，目见之不如足践之！
纸上得来终觉浅，绝知此事要躬行！一个真正的跆拳道人是谦虚、正直的。若是一个有正义感的人，不论对方是谁或人数有多少都会丝毫不畏惧、不犹豫，果断地向前迈进。孔子说过这样一句话，大意为，明知是正义的也不敢大声高喊，更不敢站出来的人，是没用的胆小鬼；向着既定目标，以百折不屈的精神，正直地倾注一切精力，就不会成为失败的人！

第三节 跆拳道战术的种类与运用

一、技术战术

技术战术是指在没有虚晃或是假动作的掩护下，直接使用动作方法进攻对方。使用这种战术对运动员的要求特别高，运动员要具备全面的技术。使用特长技术，直接进攻，不留给对手缓冲的机会。技术战术的应用主要适用于以下几种情况。

①对手的速度没有自己快。
②对手不能熟练且灵活地运用进攻与防御动作时。
③对手在比赛过程中出现体力不支的现象时。
④对手走神或者是注意力不集中时。
⑤对手与自己的距离可以进行有效进攻的时候。

在比赛中，运动员如果在被动防守的状态下使用技术战术，应该有退后防守的准备，一边等待，一边寻求机会。为了保障特长战术的实施，在使用技术战术时，要提高动作的速度，一定要快，不能拖沓。与此同时还要安排相应的防守与反攻策略，避免出现因急于求成，而陷入被动的情况。

二、进攻战术

进攻顾名思义就是以我为主，先发制人地攻击。跆拳道的进攻战术主要包括四种：直接式进攻、压迫式强攻、引诱式进攻连击。进攻战术适合技术特长突出、有准确判断力、力量大、速度快的运动员。

（一）直接式进攻战术

直接式进攻战术指充分发挥自己的技术特长，使用有把握的特长技术直接攻击对手。在实战中，可以主动创造使用特长技术的条件，一旦出现合适的机会就使用特长技术。如果处于被动地位，应该以防守为主，耐心等待时机，一旦出现机会，立即使用特长技术。直接式进攻战术对运动员的要求是动作快速自然，有良好的反应能力，可以及时抓住机会。一直在强调把握好机会，机会出现的情况又是什么样的呢？一般在具备下列条件时，就代表着出现了运用直接式进攻战术的机会。

①对手对攻防动作不熟悉，或者是不能熟练运用时。

②对手反应速度与动作速度减慢时。
③对手体力下降时。
④对手的防守姿势出现空隙时。
⑤当与对手的距离能有效地使用进攻动作时。

（二）压迫式强攻战术

压迫式强攻战术是指在跆拳道比赛的初始阶段，对方的注意力还没有完全集中，没有做好充分准备时，突然发起猛烈且连续的进攻，给对手造成一种压迫感，可以有效地干扰对手的战术准备，突破对方的心理防线，使得对方因忙于防守而出现失误，有效地利用这一机会，一鼓作气击败对手。

压迫式强攻战术也属于先发制人的战术，尤其是对一些心理素质比较差的对手，具有很强的震慑作用，可以在比赛的短时间内取得主动权，压制对方，使对方在开始时就处于被动局面。如果对手技术比较好，但是体力比较差，也可以使用这种战术，这样对手就没有休息与缓和的机会，可以使对手一直处于被动局面。如果对手经验不足，使用这种战术就可以使对手没有思考的时间，使对手一直处于被动状态。运用这种战术的较好时机如下所示。

①对手的耐力比较差时。
②在比赛过程中，发现对手近战能力比较差时。
③自己身体素质较好，技术也可以，但是自己经验不足时，可以使用这种战术。
④在比赛中，发现自己技术不如对方，但是自己身体素质要比对方好，尤其是耐力、速度与力量方面。
⑤对方心理素质不高时。

跆拳道比赛充满了很多未知因素，不可能做到对每一场的对手的情况都了如指掌。如果发现对手的经验丰富，使用强攻战术明显不合适，因为容易将自己的短板暴露出来，一旦被对手发现以此为契机进行反攻，很容易陷入被动局面，毕竟这种战术也不是万能战术，使用的时候一定要慎重，争取做到速战速决。

（三）引诱式进攻战术

引诱式进攻战术是跆拳道比赛中使用频率比较高的战术，可以将真动作与假动作相结合，使对手产生错觉，在对手不能做出准确的判断时，实施真正的进攻。诱使对手产生错觉的常见方法：露出破绽、使用假动作、虚晃等。这种战术，引诱只是一种手段，进攻才是真正的目的，在引诱的同时做好进攻的准备，一旦对手产生错觉，抓住机会，立刻进攻。

在跆拳道训练与比赛中，使用引诱式进攻战术是比较常见的。常见的动作是前后动作结合、左右动作结合、上下动作结合，经验丰富的人经常使用"声东击西""指上打下"的战术，这与引诱式进攻战术在本质上可以说是一致的，都是为了诱惑对手，使其上当。当对手体力好，但是技术不全面或者是不能灵活地使用战术时，可以使用这种战术。使用这种进攻战术，动作速度一定要快，要比对手的速度快，否则成功的概率并不大。在跆拳道比赛中，假动作战术的实施可以通过以下几种形式来实现。

①身体假动作：利用身体动作引诱和迷惑对方，如引诱对方进攻身体暴露部分，然后采用预先设计好的动作迅速反击。

②步法假动作：利用步法移动调动对手，分散对手注意力，如使用后撤步引诱对方向前，自己则迅速后踢迎击对手。

③表情假动作：利用眼神或表情误导对手，如视左击右，视上击下，或抚摸身体某一部分假装受伤引诱对方攻击，然后采取相应措施迅速反击。

一般来讲，跆拳道比赛中，如果对手的身体素质比较好，但是技术不全面，并且进攻战术变化比较少时，可以有针对性地利用对手的弱点使用这种战术。值得注意的是，在使用这种战术时，一定要做到快速出击，在对手反应过来之前完成动作。

（四）连击战术

连击是指连续两次或者两次以上的攻击。在第一次攻击发出之后不管是否击中，只要对手来不及防守或者是防守不当，就会出现新的机会可以进行连续攻击。连击可以分为两种：移动连击与原地连击。移动连击又可以分为向前追击对手的连击与一边后退一边攻击的连击。连击使用的基本条件如下所示。

①对手反击能力不强时。

②对手被击中后注意力不集中时，可以发动连击。

③自己身体素质好，但技术不如对手时。

④自己身体素质好，技术全面，但比赛经验不如对手时。

⑤自己体力比较好，对手体力比较差时。

⑥当遇到防守能力差，步法移动不灵活的对手时。

⑦对手的心理素质差，可以使用快速的连击，打破对手的心理防线，使对手丧失比赛的信心。

三、反击战术

在跆拳道比赛中,进攻与反击都是相对而言的。在防守对手进攻的基础上,找到对手的破绽所进行的攻击被称为防守反击。

(一)防守反击战术

如果对手采用正面猛烈的进攻时,快速地向不同的方向移动步法,既可以制造反击机会,又可以躲避对手的进攻。主动进攻需改变原有的姿势,身体的一些部位肯定会发生防守的空隙,很难做到在防守时立即反击。这种战术对于缺乏比赛经验、没有耐心的对手很有效。防守反击战术在跆拳道比赛中运用时应注意以下几点。

①对手没有耐心,还缺乏比赛经验时,可以假意掩盖自身反击的意图,故意刺激对方,对方一旦进攻,立刻抓住机会进行攻击。

②对手进攻猛烈时,可以移动躲闪,寻求反击的机会。

③在比赛中,对手若将注意力全部集中在进攻上,他的防守肯定会出现漏洞。在对方进攻时,可以在防守时进行反击。

④如果对方的身高占据优势,对方使用横踢,反击动作是很难起到作用的,可以向前靠近对方实行近身战,在移动的过程中,注意对方防守反击的动作,一旦出现漏洞立即抓住机会。

(二)同时反击

在对手没有完成所要进行的动作时,我方抢先一步,迅速做出反应,发起攻击,实现反击的目的。如果想要实现同时反击,对于运动员的要求就比较高了,必须具备较高的技术水平。

(三)迎击战术

迎击战术是指一边防守对手的进攻一边进行反击。实现防守与攻击的同时进行,只要找准时机,充分利用自身的优势,对手肯定会被击中。反击战术的应用条件与方法,如下所示。

①应对没有耐心,缺乏比赛经验的选手。
②应对在进攻后没有防守意识的选手。
③应对动作不连贯的选手。
④应对不擅长攻防转换的选手。
⑤应对动作预动大的选手。

⑥反击战术要与主动进攻相结合，掩盖自己反击的意图。

四、规则战术

规则战术是指在比赛中充分利用规则，在规则允许的范围内获得无形的得分，形成比赛优势的策略。

规则战术中经常使用的几种方法如下所示。

① KO 取胜。可以使用特长技术，甚至是不常见的招法，重击对手的身体与躯干，迫使对手因体力不支自动退出比赛。这种战术经常使用在大比分落后时，借此可以赢得比赛。

②使用有效的方法或者手段，迫使对手多次犯规，犯规次数多了，自然被扣的分数也就多了，达到一定分数时自然就失去了比赛的资格。

③迫使对手被裁判员多次警告，造成对手心理上的压力，影响其比赛的发挥。

④了解裁判员的特点，可以在比赛中应用相应的战术获得比赛的优势。

五、克制战术

克制战术是指限制对手的优势，发挥自己的长处，攻击对手的弱点。每一个运动员都有自己的优势与擅长的技术，相对地也有自己的薄弱环节。

（一）对于矮个或善于近距离攻击的对手

尽量与这种类型的选手保持较大的距离，避免对手突然靠近。适当与对手拉开距离。这种类型的选手擅长近身战，如果对手靠近自己，要迅速做出反应，迅速使用横踢、侧踢等腿法，直接进行迎击抢攻，如果有机会就连击，没有机会就迅速撤离。

（二）对于身高腿长的对手

身高腿长的对手本身在身高上就占优势，在距离上也占有优势，应对这种类型的选手可以使用如下的方法。

①身高腿长的选手一般会使用横踢、下劈等技术。尽量避免使用后闪的防守方法。否则容易陷入被动局面。

②可以使用假动作诱惑对手，一旦对手上当，迅速接近攻击对手。

③使用灵活的步法，分散对手的注意力。

④如果对手的反应比较快，可使用强攻的策略。快速接近对手做好防守的准备，不管对手的反应，自己获得适当的距离之后，进行连续攻击。

⑤同一级别中身高特别突出的对手，体力一般都很差，如果他们的动作幅度比较大，每次消耗的能量也比一般人要多。因此，在比赛开始时就要使用快节奏的动作，加快攻防的速度，消耗对手的体力，使用合适的战术获得胜利。

（三）对付善于主动进攻的对手

①以攻对攻。

②防守反击。

（四）对付善于防守反击的对手

善于运用这种战术的对手，基本都反应快、判断准。他们的观察能力强，可以在短时间内找到对手的不足与漏洞，防守能力强，还击技术比较突出。这种类型的对手应对起来比较麻烦，可以使用以下几种方法进行应对。

①可以使用假装进攻的方法，诱惑对手做出习惯性的反击动作，把握住机会，进行进攻。

②在进攻的过程中一定要灵活，不能过于死板，适当调整攻击策略。隐蔽自己的进攻意图，让对手摸不透自己进攻的规律。

③将自己真正的进攻与假意进攻结合起来，混淆对方的判断。

④强攻开始之后，迅速移开。

⑤利用反击策略获得更多的得分。

（五）对付善于连击的对手

对于这样的对手，在防守的过程中尽量避免向后退。不能给对手留下可以进行攻击的距离与机会，要破坏对手的连击。可以采用向两侧移动的方法，使得对手的连击动作落空，趁机攻击对手。在跆拳道比赛中，发挥自己的优势，克制对方的长处，应该注意以下几点。

①如果对手善于主动进攻，可以在比赛的初期采用先发制人的策略，使对方处于防守状态。

②如果对手擅长防守反击，可以在对抗中引诱对方主动攻击，然后再寻求可以反击的机会。

③如果对手善于远距离进攻，应该做好闪躲，这样对方的优势就不能发挥出来。

④如果对手擅长贴身战，尽量与对手拉开距离，可以使用侧踢等技术。

六、心理战术

心理战术是指利用气势、情绪、表情等各种规定范围内的手段，干扰对手的情绪，使对手形成一定的心理负担，心理防线逐渐崩塌，最终发挥失常。这种战术可以有效打击对手的自信心，尤其是对心理素质比较差的对手尤为管用。

心理战术一般适用于比赛经验不足，心理素质较差的选手。心理战术运用得当，也可以鼓舞自己，形成自信心，有助于比赛的发挥。常用的心理战术有以下几种，简单列举。

①隐藏自己的真实实力。
②在赛前发布虚假情报，让对手摸不透自己的真实情况。
③故意夸大自己的实力给对手造成心理压力，使对手产生恐惧。
④可以利用人性的弱点，有效引导对手，打破对手的原有状态，给自己赢得更多的进攻的机会。

七、攻击对方短处战术

攻击对方的短处的战术又被称为击弱战术，是专门针对对手的技术弱点或者身体薄弱环节的进攻战术。在运用这种战术的时候应该注意以下两点内容。

①注意观察比赛中对手的状态，找出对手的弱点。一定要找准对手的弱点。
②比赛中，要善于利用自己的特长和优势来隐藏自己的弱点，避免被对手发现，同时，注意不断变换方法隐藏自身弱点。

八、KO 战术

这种战术是指在规定的范围内，使用合理的技术动作，用较大的力量击打对手，迫使对手丧失继续比赛的能力。这种战术一经使用会给对手在身体上与心理上造成一定的影响，甚至会给对手造成重创，心理防线逐渐崩塌，丧失比赛信心。在跆拳道比赛中，这种战术击打的部位分为两种：头部与身体躯干。

九、二次进攻战术

二次进攻又被称为第二回合，是指跆拳道运动员在第一回合之后实施的第二次进攻。根据跆拳道比赛的规则，第一回合是指一方运动员从准备姿势开始进攻，要不就是双方运动员同时进攻。

在跆拳道第二回合开始的时候，双方必须要尽快调整自己的状态，调整好重心。比赛中双方的距离不会特别远，如果任何一方先于对方做出反应，就有可能获得比分。跆拳道比赛中，利用好第二回合的进攻同样可以获得比分，在运用这种战术时需要注意以下几点。

第一，利用步法的移动战术进行击打，避免被对手反击。

第二，直接进攻，速度要快于对手。

第三，掌握具体的第二次进攻的方法，根据自身的优势，选择适当的技术动作进行第二次进攻。

十、突袭战术

突袭战术是指针对对手自然产生的习惯动作，有针对性地进攻对手的战术。在跆拳道比赛中，这种战术的适用情况主要有以下两种。

第一种，比赛开始，当主裁判的口令发出之后，就要迅速地做出判断，使用进攻技术与动作发起进攻。

第二种，在第一个回合中，如果进攻过程中，主裁判没有喊"暂停"，但是双方都停止了进攻，在自然分开的时候，可以趁对手不备进行进攻。

十一、体力战术

体力战术是通过合理分配体力取得比赛胜利的战术方法。跆拳道比赛共分为3局。每局3分钟，合理分配自己的体力十分重要，应结合对手的实际情况，分配好每一局的体力，具体方法如下。

①如果对手技术较弱，可保持体力以技术取胜。

②如果对手技术较强，可以消耗对手体力取胜。

③如果双方实力相当，可考虑打持久战。

④如果对手耐力较差，应连续进攻，消耗对手体力，使对手疲于应战。

第八章　跆拳道的品势

学习跆拳道可以起到修身养性的作用，在跆拳道的训练中，我们可以增强意志，体验为人处世的道理。本章以跆拳道的品势为题目，本章分为品势概述、品势比赛的评价标准、太极一章、太极二章、太极三章等五部分内容。

第一节　品势概述

一、品势的定义、种类和特点

（一）品势的定义

品势是练习跆拳道的一种形式，品势与中国武术中的套路有一定的相似之处。品势是在一定条件下进行的攻防假设性练习，对于练习者有着明确的要求，不仅要熟练地掌握各种技术动作与技巧，还要学会以意设敌，确保可以在比赛中正确地运用，练习品势是学习跆拳道的必经之路。一种品势可由 20 至 30 个技术动作组成，具体动作可按修炼者的实力与级别来分配。

品势就是品（样式）与势（气势）。从品势的定义来看，品势不单指外形动作，还要表现出动作的气势，不能只体现外形的完美，更要体现出内在的气势，将外在与内在完美地结合在一起。

练习可以使练习者正确地掌握相关技术的使用，提升练习者的柔韧性、速度等，增强练习者的身体素质，帮助其树立自信心。

（二）品势的种类

品势可按其内容分为公认品势和创作品势。公认品势是由国技院（韩国跆拳道的最高机构）指定的，太极八章就是公认品势；公认品势是品级审查时的考试内容。

创作品势，顾名思义就是指根据练习者的想法创作、改编的品势。不难发现，每年各种各样的跆拳道比赛中，创作品势也占有很大的比重，具有一定的人气。跆拳道操、跆拳道舞都是在品势的基本形态上改编而成的，通过自由的动作组合与轻快、活泼的节奏，获得观众的喜爱与支持。品势的形成是有一定的规律的，要遵循基本原则，符合相关规律。品势形成的基本原则如下所示。

第一，品势要根据练习者的实力级别来确定。

第二，不同的品势有不同的进行线。例如，太极的进行线是"王"字，高丽是"士"字。

第三，每个品势都有确定的动作与品数。动作是指基本动作数，品数是指若干个连续动作组合成一个组，通俗地讲就是指站立、攻击、防御动作协调地进行，直到停止。举例说明，太极三章的第一个品势前踢加两次正拳攻击，前踢与两次正拳攻击是三个动作数，但是指一个品。

（三）品势的特点

1. 防御开始，攻击结束

跆拳道所有的品势都是从防御开始的。预想对方的攻击来路，之后进行相应的防御与反攻，每个品势的结束动作都是攻击。也就是说品势具有防御开始，攻击结束的特点。

跆拳道品势是为了让身体两侧都熟悉不同的攻防技术，在太极的每一章中也是如此。太极一章的开始是左下端防御、右正拳攻击，太极二章的开始是右下端防御左正拳攻击，都以中央线为对称轴，两边动作对称。每当一个品势结束之后，都可以看到自己回到了最初的出发点。每一个品势都会在最后发出一次喊声，太极六章、太极八章、高丽、金刚等品势是在中间发出喊声。

跆拳道品势的动作比较简单，一般是将单个动作加以提炼之后，编排在品势之中。品势的攻击的技能逐渐淡化，表演属性不断增强，因此要求动作方正、规矩、招法清晰，这个动作过程要自然、流畅，切忌潦草。基本上跆拳道品势的每一章在动作上都是左右对等的。跆拳道品势在技术上讲究出有回势，回有出势，实出而骤回，使人防不胜防。

不管是品势还是竞技跆拳道，都讲究在气势，这就是为什么会发出洪亮带有震慑力的声音，一是显示自己的能力，二是提升自己的气势。跆拳道品势技术的动作的起落与转换都注重呼吸配合，可以自由调节，不能强化吞吐。各个动作之间讲究刚柔并济、形断意连。

2. 归还原位，礼始礼终

准备势开始，准备势结束，这是跆拳道品势中的规定，也是自然界的规律的体现。归还原位，礼始礼终，这体现出了跆拳道运动的精神境界。

练习跆拳道的人非常讲究礼仪精神，有关于礼节的训练始终在跆拳道的训练中，练习跆拳道不仅是练习技术，更是在道德修养方面不断提升，形成自发的行为习惯，最终养成恭敬谦虚、善良友好的态度，培养相互学习、良性竞争的习惯，养成坚忍不拔的意志品质。

二、学习品势的要求

学习品势时要注意以下原则和要求。

第一，每一个品势均须有开始姿势和结束姿势。

第二，严格按照品势中的正确方向和姿势进行练习，方法要准确、动作要规范、精神要贯注。

第三，掌握好各个动作的不同速率及其变化。

第四，依据动作的变化及时调整好重心，保持身体平衡。

第五，了解每个动作的用意，练习中要以意设敌。

第六，每天坚持做品势练习，一次练习一种品势，待熟练掌握一种品势后，再进行下一个品势的学练，循序渐进。

跆拳道的品势很多，最基本的是"太极"，太极型是根据宇宙发生变化的基本原理孕育而成的，套路的路线以阴阳、八卦线为基础，攻守、进退、刚柔、急缓、叙事都以变化万端的太极宇宙思想为其理论依据。

三、品势练习的形式与构成要素

（一）形式

练习初期，要注意学习新品势的形式和要素，其基础就是掌握特定品势中各个动作的顺序，而每一个动作都由姿势和格挡、击打或踢腿组成。在尝试学习一套完整的品势之前，要了解和掌握如何完成每一项基本技术。

每一套品势都从准备姿势开始，大部分品势都将开始和结束动作设计于同一地点，因此能否在起始地点结束动作，取决于能否控制好自己的步法动作。

（二）构成要素

熟悉品势中的所有动作之后，需要关注的一个重要因素就是对时间的控制和动作的转换,进而细化动作。品势中的时间控制指的是移动的节奏,好的节奏原则上是在两个动作之间保持1秒钟。转换指的是方向上的平滑过渡。笨拙的、不平滑的转换会使品势演练变得零乱或条理不清,为了做到转换平滑,在学习新姿势时要练习使用滑步而不是上步。

良好的品势的另外一个重要因素是专注、有力、准确地击打目标。品势中的每一次击打都指向对手身上一个特定的关键部位,比如腹股沟等。因此,在练习品势时,意识中要有这些目标,在自由地进行技术练习时,身体要放松并快速施展技术;而在演练品势时,则要考虑对呼吸的控制。每当击打、格挡或者踢打时都要呼气,在向对手的关键部位踢腿或冲拳时,要以它作为参照点来注意保护自身的各个部分。练习品势时,要注意每一个基本要素的顺序,比如要注意平衡和力量。

品势练习不仅有助于提高自卫防身能力,还有助于练习者增强自信心,培养一种健康的精神状态。品势的设计要求经常变换方向——这并非是为了追求华丽和表演技巧,而是模拟多个攻击者从各个角度的进攻状态。通过不间断地重复练习,并且注以全力,还有助于练习者发展心血管耐力。如果动作正确且态度端正,那么品势练习是跆拳道练习的最好训练手段。

四、练习品势的意义

跆拳道品势训练没有对手,因此是一项非常安全的体育活动。品势训练也具有实际应用意义,不断地重复进攻和防守动作,能帮助训练者提高面对面的格斗能力,从而在紧急情况下保护自己不受侵害。品势训练能帮助训练者活动身体和四肢,有助于保持心理和生理的健康。下面详细介绍跆拳道品势训练对全身各系统的保健养生作用。

(一)保护心脏血管

跆拳道品势动作缓急相间,时而高雅悠闲,时而动如脱兔,既可以调节心跳速度,又可以改变呼吸节奏。

跆拳道品势,特别是自创的类似太极的跆拳道品势,轻灵松软,可以使肌肉呈现自然放松状态,心跳不会忽快忽慢,能让血管的通畅性更好,还能调节血压,所以,跆拳道品势是心脏病患者良好的治疗性运动。

(二)保健呼吸系统

为了压倒对方造成气势,跆拳道品势在攻击时,大声喊"呀",这可以平均分配胸内的血压、气压，有效排出肺内的浊气。长期训练可增强肺功能；大声喊叫还使下腹的肌肉绷紧，使身体的重要器官不受伤害。

再者，跆拳道品势秉承太极精神，讲究以柔克刚，所以呼吸强调细、慢、深、长，这样有助于训练横膈肌，可以治疗慢性阻塞性肺疾，增强人体的呼吸能力，提高人体对疲乏的耐受力。

（三）保健骨骼肌肉系统

跆拳道品势强调全身协调运动，一动无有不动，对于骨骼肌肉的保健功效很大。对于女性，跆拳道的各项训练可以使下腹、腰以及大腿得到锻炼，让全身肌肉均匀发达；对于分娩后不久的女性，跆拳道品势可以使腰部肌肉紧绷，改善下垂的腹部，提起臀部和大腿内侧的肌肉，减少脂肪，重塑均衡体形。

对于儿童，跆拳道品势的各种动作可以使身体的肌肉力量得到增强，提高肌腱、韧带、肌肉的弹性，从而增强体力和柔韧性。

（四）增强心理适应性

跆拳道品势讲究动作敏捷突然，从容对付对手的进攻，能在突发、随意的险境中化险为夷，因此，跆拳道品势对神经系统反应能力的训练是很充分的，强调通过速度、灵活性的锻炼让大脑得到许多良好的刺激。

对于年纪小的初学者来说，这些训练有利于培养空间转换、形体感知、变换力向等右脑功能；再加上崇礼等精神的提倡，能培养坚韧不拔的作风，造就勇猛、敢打敢拼的素质，建立讲究礼仪、注重修养的完善人格。

对于女性，跆拳道品势训练能培养良好的审美观和充足的自信心，训练带来的强烈而持久的情感体验，能帮助女性拥有比别人更好的自信。

对于老年人，跆拳道品势通过调节人体重心的高低和支撑面的大小来加强身体的稳定性，让老年人的小脑得以有效地利用和恢复；通过变换脚的动作、两脚分开的角度来改变身体重心，改变支撑面积的大小，能帮助老年人在最短的时间内找到最稳定的姿势，降低因摔倒而导致受伤的可能性。

五、练习跆拳道品势的途径

想要练好品势就要做到有实战的准备，每一个动作，每一个表情都要用心。为了实现效果，要想象有攻击的对象，时刻处于准备状态。如果将品势理解成简单的身体动作，不认真就不能获得预期的效果，如果将品势想象成实际的格斗的话，就会使每个动作都充满力量。

（一）熟悉基础动作

不管是练习跆拳道还是做其他任何事情，基础都是最重要的，品势也不例外，熟悉基础动作，掌握基本的技术是练好跆拳道的重要途径。如果连基础动作都不熟悉，那么就无法体现跆拳道品势的自信，动作会显得比较慌乱，不整齐。

品势的各个技术动作之间讲究流畅、自然。每个品势都有预备动作与正式动作这两种。要区分好正式动作与预备动作，正式动作是指踏步隔挡、攻击等，预备动作是指站立、移动等上肢动作。想要正确区分好是哪种动作，就要了解具体的细节，如下所示。

①品势线：必须正确遵循进行线。

②身体的方向和角度：弓步下端防御时上身要侧向 30 度。

③手或拳的位置：下端防御时防御的手腕要停在前大腿上方，正拳攻击要对胸口位置。

④站立姿势：步宽要大点，注意两个脚的角度；弓步、后曲步要尽量屈膝。

⑤身体的移动：要先移动腿，再做上肢的防御或攻击动作（也可同时）。

⑥脚的移动：弓步移动时屈膝擦地移动。

⑦胳膊的运动：胳膊做动作时双臂都要动，而且要充分利用扭腰的力量，有节制地进行。

⑧腿法：尽量踢高，碰到目标点时利用膝部的反弹得到最大力量。

⑨不要擅加其他动作：不要像机器人似地转头，不做抬脚准备姿势等夸张动作。

（二）注意用力的技巧

任何运动与技术都是依靠力量来实现的。品势也不例外，通过转动腰部得到力量。在防御与使用腿法时，上身转向反方向再扭回来时可以得到更多的力量。值得注意的是，上身转向左右时不能弯腰。

（三）注意平衡

品势并不是固定不动的动作，而是按照一定的速度、方向移动身体，在身体移动的过程中，注重平衡，身体向前倾或者是身体摇晃都不能发挥出力量，保持身体的重心稳定。

（四）注意节奏

任何运动都要注重节奏，跆拳道品势也不例外，力量与速度也是在一定的节奏下完成的。预备动作与正式动作之间的连接要自然、柔和，腿部动作与上肢动作要结合起来，速度要均衡。研究显示，品势做一个动作耗时接近1秒。

（五）视线平视

视线要平视，视线应该追随着假想敌的眼睛。挺胸、抬头、眼睛平视前方，不管什么样的情况视线都不能够从对方身上离开，要注视着对方的眼睛做动作。品势虽然是自己的练习，但是要设想对方在自己的面前。

（六）调整呼吸

品势比赛中会消耗大量的体力，可以利用调整呼吸来振作精神，运用丹田呼吸法。有规则地呼吸有助于调整比赛节奏，顺利地完成动作，紧闭双唇为的是不让对方听到自己的呼吸声。

（七）大声呐喊

跆拳道中出现喊声是正常的，不管是练习还是比赛中喊声可以增强练习者的自信心，并震慑对方。每一种品势都必须要发出喊声，至少一次。喊声一般在攻击时发出，要求声音洪亮、短暂。

（八）抓好体能训练

体能训练包含一般体能训练与专项体能训练。一般体能训练是专项体能训练的基础，在体能训练的过程中，教练员要对学员的身体素质有全面的了解，根据学员的身体素质制订不同的训练计划，体能训练不能急于求成，要根据不同的身体素质，有针对性地开展，这样才可以确保训练的效果。

1. 一般体能训练

（1）一般耐力训练

一般耐力训练主要是帮助运动员恢复身体机能，提升心肺功能，跆拳道品势属于激烈的运动，在运动中身体的各个器官要满足运动的需求，运动员需要依靠良好的耐力完成相关动作。

（2）一般力量训练

力量素质是指人体神经肌肉系统在工作中克服阻力的能力。品势练习与比赛中，不管是什么样的招数，都需要借助良好的爆发力才可以得以展现。因此，在日常生活中加强对力量的训练，尤其是对爆发力的训练，实现肌肉在短时间内以最快的速度克服阻力。

(3) 一般柔韧训练

柔韧素质可以分为一般性柔韧与专门性柔韧。这两种柔韧素质都可以通过后天的训练得到进一步的加强，一般柔韧是指在进行一般训练的过程中，适应一般训练所应具备的柔韧素质，专门性柔韧建立在一般性柔韧的基础之上，柔韧性具有很少的选择性，身体的同一部分可以表现出不同的柔韧性，区别就在于幅度的大小不同。跆拳道品势是一项对腿部与髋部柔韧性要求极高的运动项目，增强这些部位的柔韧性有助于基本动作的完成，可以增强身体素质，减少运动损伤的出现。

2. 专项体能训练

（1）专项耐力训练

专项耐力训练是指提升运动员专项耐力的训练，有关专项耐力的诸多定义中，出现了定义项包含被定义项的失误没有对"专项耐力"的本质进行诠释。因此，重新将"专项耐力"定义为，运动员进行某竞技运动时，机体抵抗疲劳并持续运动的能力，它受到肌体耐力、神经耐力和心理耐力三种因素的影响与制约。

品势比赛的时间都比较长，需要运动员保持良好的运动状态，进行耐力训练就是为了适应比赛的要求，避免出现运动损伤与身体不适的情况，有时还会安排超过正常比赛场次的训练。

（2）专项力量训练

人体的运动能力不可避免会受到自身形态结构、心理因素以及环境条件的限制。要想在比赛中取得优异的运动成绩，运动员就必须在生理机能、技术水平和心理素质几个方面获得最大的发展。在探讨训练机理之前，首先要明确影响专项力量成绩的关键因素，在此基础上才能更好地探索合适而有效的训练方法。

体能训练水平的提升有助于提升跆拳道品势运动员的运动能力。教练员应该根据现有的实际情况，将一般体能训练与专项体能训练相结合，根据运动员不同的体能，有针对性地设置体能训练方案，提升运动员的身体素质与专项能力。在跆拳道品势的训练中，体能训练是提高运动员运动水平和运动成绩的重要前提。

六、跆拳道品势的观赏

跆拳道品势的表演变化多端，动作整齐划一，每一个动作刚中带柔，柔中蕴刚，给人以美的享受。跆拳道品势的表演，主要从以下几点去观赏。

第一，了解跆拳道品势内容的内涵。每一个跆拳道品势都有它的内涵。例如，太极二章在八卦中为兑，兑意为泽。太极二章整个架型的节奏舒缓而柔软，其中脚与拳的配合的动作，更在不经意中自然表现出来其柔中带刚的攻击力量。演练此型时，应体现出一种刚柔相济、快慢有度、不偏不倚的精神内涵。

第二，了解跆拳道品势内容的演练的动作路线。每一套跆拳道品势都有它的演练路线，各有各的细微之处。例如，太极二章演练线路为八卦中的兑卦的符号"王"字形。

第三，观赏跆拳道品势表演的队形变化。跆拳道品势表演的队形变化多端，可根据表演者的需要来编排。跆拳道的品势表演也可以通过队形的变化来提高观赏性，因为队形的变化能给人以美的感受。

第四，观赏跆拳道表演者表演品势的整齐性和力度。整齐性和力度是跆拳道品势表演的亮点之一，整齐划一和刚柔相济的动作给人以力量美、神韵美的享受。

第二节　品势比赛评价标准

比赛给予了运动员与同伴切磋竞争并向同伴学习的极好机会。大部分的比赛主要集中于搏击、碎木板及品势，竞技品势的判定标准是每个动作的正确性和练习顺序，以及完成动作的熟练程度。熟练程度按照以下标准进行评价。

第一，开始姿势和结束姿势于同一地点。
第二，通过适当调整肌肉的紧张与放松，表现技术动作的力量与速度。
第三，精神集中。
第四，专注的眼神和头部动作。
第五，目标的准确性。
第六，呼气和吸气的时机是否恰当。
第七，平衡。
第八，动作的节奏和同步性。

第三节 太极一章

一、动作概述

太极一章共 18 个动作，步型以前行步为主，手型是拳。太极一章寓意八卦里的"乾"卦，它的运动路线用"乾"的符号来表示。

预备式。从并步站立开始，左脚向左开立步，两手慢慢从体侧向腹前提起，继续提到胸前并将两掌慢慢握成拳，然后迅速向下伸臂，使两拳相对置于腰带前。

动作一。身体向左转，左手握拳，左臂向下防守，两脚成左前行步。

动作二。右脚上步成右前行步，同时右拳向前冲。

动作三。身体向右转，同时右臂向下防守，两脚成右前行步。

动作四。左脚向前行步，成左前行步，同时冲左拳。

动作五。以右脚为轴，两腿成左弓步向下防守。

动作六。左弓步不动，右拳向前冲，同时，左拳收回腰间。

动作七。身体左转，右脚迈出一步，成右前行步，同时左臂向内防守。

动作八。左脚上步，成左前行步冲拳。

动作九。以右脚为轴，身体向左后转，左脚上步，成左前行步，右臂向内防守。

动作十。右脚上步，左拳前冲，成右前行步冲拳。

动作十一。以右脚迈出，成右弓步，同时右手向下防守。

动作十二。右弓步不动，左拳前冲。

动作十三。身体左转，左脚迈步成左前行步，同时左臂向上防守。

动作十四。右脚前踢，然后右脚向前落成右前行步，同时右拳前冲。动作要点：前踢是要先提膝使大小腿折叠，然后向前踢出，脚趾翘起着力点在前脚掌。

动作十五。以左脚为轴，身体向右后转，右脚迈步，成右前行步，同时右臂向上防守。

动作十六。左脚前踢，然后左脚落地成左前行步，同时冲左拳。

动作十七。以右脚为轴，身体向右转，左脚迈步，成左弓步，同时左臂向下防守。

动作十八。右脚向前上步成右弓步，左拳收置腰间，右拳向前冲，同时发声喊"咳"。

收势：以右脚为轴，身体向左后转，成预备式姿势。

二、练习要点

太极一章到八章的演练路线，都是一个"王"字形，也就是说你在打品势的时候，要走出一个王字来。

第一，开始时是站在"王"字最下面一横的中点，依次在最下面一横、中间一横、上面一横做动作，最后回到最下面一横，收势。

第二，走"王"字的横时，动作全是前行步，是上步的冲拳，每一个横只有一组动作，只不过左右方向相反而已，上下横先左，中间横先右。

第三，走"王"字的竖时，动作全是弓步冲拳。

三、难点提示

第一，弹踢的时候要以膝盖为轴，弹击小腿。腿踢出去后，要先收回来，再落地，不要踢出去就直接落地。

第二，打拳要注意目标在对手心窝（大约是道服胸标处），不要打偏了，打到肩膀或者别的地方。

第三，出拳要用力，肩放松，身体保持正直，不要一出拳就把身体也跟着打出去，导致身体侧面对着前方，最重要的就是每一个动作都要有力，发声一定要声音洪亮。

第四节 太极二章

一、动作概述

太极二章共18个动作，弓步上段冲拳为新动作，太极二章寓意八卦里的"兑"卦，示意外柔内刚；它的运动路线用"兑"的符号来表示。

预备式：同太极一章。

动作一。身体向左转，成左前行步，左臂向下防守。

动作二。右脚上步，成右弓步中段右冲拳。

动作三。以左脚为轴身体向右；后转，同时右脚上步，成右前行步向下防守。

动作四。左脚上步，成左弓步中段左冲拳。

动作五。以右脚为轴，身体左转90度，成左前行步，右臂向内防守。

动作六。右脚上步，成右前行步左手内防。

动作七。身体向左转，同时，左脚上步，成左前行步向下防守。

动作八。右脚前踢，然后右脚落地成右弓步上段冲拳。

动作九。以左脚为轴，身体向右后转，右脚迈出，成右前行步，向下防守。

动作十。左脚前踢，落步，成左步段左冲拳。

动作十一。以右脚为轴，身体左转90度，同时，左脚成左前行步向上防守。

动作十二。右脚上步，成右前行步向上防守。

动作十三。以右脚为轴，身体左转270度，同时，成右前行步向内防守。

动作十四。身体以右脚为轴向后转180度，右脚横移，成右前行步向内防守。

动作十五。身体向左转90度左脚迈步，成左前行步向下防守。

动作十六。右腿前踢，右脚落下，同时，成前行步右冲拳。

动作十七。左脚前踢，向前落地，同时，成左前行步冲拳。

动作十八。右腿前踢，右脚落地成右前行步，然后冲右拳发出声音。

收势：以右脚为轴，身体左后转180度，成开立步。

二、练习要点

第一，主抓基础动作训练，以熟练、规范的基本动作和腿法为重点，充分理解跆拳道品势规则和技术动作。

第二，内刚外柔，太极二章取八卦中"兑"卦之意，兑原意是沼泽，沼泽外表看起来平坦似草地，其实暗藏杀机、险恶异常，所以兑具有内刚外柔之意，同理，太极二章的招式虽看似柔软，却可随时发动强烈攻击。看似动作柔软以防守为主，但攻击起来也是直奔要害，比如南下段封挡后中段直拳打脸、连续的前踢、上段接招等。

三、难点提示

太极二章应注意控制攻击位置："王"字底横线和中横线上的冲拳不同，底横线上的两次冲拳为击打对手胃部，中横线上的两次冲拳为击打对手人中。掌握要点，把握难点。

第五节　太极三章

一、动作概述

太极三章共20个动作，寓意八卦里的"离"卦；离卦意味着火，代表热与光明。太极三章动作设计充满活力，除了下段防御、前踢、冲拳外，还出现了手刀的攻击和防守，并且出现了连续防守和连续攻击的动作。

预备式。两脚成开立步，两拳相对置于腹前，目视前方。

动作一。身体左转，成左前行步，左臂下防。

动作二。右腿做上段前踢，然后落成右弓步，同时右手冲拳，紧接着右拳收置腰间，左拳前冲。

动作三。右脚向后移动上步，身体右后转，成右前行步，右臂向下防守。

动作四。左腿做上段前踢，然后迅速下落，成左弓步左手冲拳，上动不停，左拳收回同时右拳前冲。

动作五。以右脚为轴，身体左转90度，同时左脚移步，右手由外向内做手刀内防。

动作六。右脚上步成右前行步，同时，左手握拳收回腰间，左手刀向内防守。

动作七。身体重心前移，左脚上步，成左三七步，同时左手刀在外，右手握拳在内，于胸前相交叉后，做左手刀向外防守动作。

动作八。左脚向左移成左弓步，同时左手握拳收回至腰间，右拳前冲。

动作九。以左脚为轴，身体向后移动，成右三七步，同时右手刀向外防守。

动作十。右脚向右前方上步，同时右手握拳收回至腰间，左拳向前攻击。

动作十一。以右脚为轴身体左转，同时左脚移步，成左前行步，右臂向内防守。

动作十二。右脚上步，成右前行步，左臂向内防守。

动作十三。以右脚为轴，身体向左后转动270度，同时左脚移步，成左前行步，左臂向下防守。

动作十四。右腿中段前踢，然后成右弓步，右手冲拳，接着右拳收回腰间，左拳向前冲。

动作十五。以左脚为轴，身体右后转，同时右脚移步，成右前行步，右臂向下防守。

动作十六。左脚中段前踢，然后落地成左弓步，左手冲拳，紧接着左拳收至腰间，右拳向前冲。

动作十七。以右脚为轴，身体左转90度，左脚移步，成右前行步左臂向下防守，紧接着，左拳收至腰间，右拳向前冲。

动作十八。右脚上步，同时右臂向下防守，紧接着右拳收至腰间，右拳向前冲。

动作十九。左脚前踢，左脚落成左自然步，同时做左手向下防守，紧接着左拳收回至腰间，右拳向前冲。

动作二十。右脚前踢，右脚落步，同时右臂向下防守，接着右拳收回至腰间，左拳向前冲。

收势：以右脚为轴，身体左后转180度，左脚移动成开立步，两拳置于腹侧。

二、练习规律

第一，训练的过程中动作幅度尽量地大一点，在动作练习中保持身体的重心稳定，实现力量与速度的协调、统一。

第二，太极三章的招式可以培养练习者的身体重心的移动能力，太极三章注重手脚动作交叉施展，可以培养练习者的在防御转进攻时的敏捷性。

第三，太极三章的招式动作比较灵活，充满活力，是由各种攻击性比较明显的技法构成的。

三、难点提示

太极三章练习时强调身体的柔韧性训练，并注重提高动作的规范性，培养机体的高度协调能力。此阶段容易出现的错误如下。

①呼吸与动作不协调。

②动作比较僵硬，不规范。

③节奏不明显。

④发力点不准。

⑤动作不到位。

⑥意识不强。

⑦风格不够突出。

第九章　跆拳道表演技术

练习跆拳道不仅仅可以强身健体，还可以用于表演。了解跆拳道的相关表演技术，不仅可以提升跆拳道水平，还可以增加修养，可谓是健身娱乐两不误。本章以跆拳道表演技术为题目，分为跆拳道击破技术、跆拳道特技技术、跆拳道（操）舞技术三个部分进行论述。

第一节　跆拳道击破技术

一、击破技术的概述

（一）击破技术的发展

在1980年以前，用于保护的护垫很少在跆拳道格斗训练中使用，全速或全力的击打或脚踢是被禁止的。格斗的双方不管他们的动作是进攻性的还是防护性的，都不穿戴用于保护的东西，关节与脚在那时被直接用于击打；与现代的格斗不同的是，脸部是当时主要的击打对象。但是，那时受伤的情况很少见，很重的打击更是少见，因为教练要求学生非常小心地控制他们的动作，学生们也极严格地按要求去做。甚至希望初学者能达到将苍蝇从某人的鼻子上猛击下来，但鼻子不被动一毫的水准。那时，衡量武术中力量的真正尺度是练习者击破的技能。

从1940年到1945年，武术训练主要集中在徒手或使用武器进行自我防卫以保全性命上，击打自己训练的伙伴是不允许的，训练中，学生们只有一次机会：通过一次踢打、冲拳或一次投掷的动作来保全性命。他们被严格要求控制自己的动作。

每一招都应该是致命的，但训练时不能伤害到对手。如果练武者最厉害的招数被敌人躲过,这意味着他将无法保全自己的性命。今天,现代跆拳道的学校中,打断木头、玻璃、砖头和岩石等器物,仍被用在测试中,以此来检测一个学生击破的能力和他的力量与技巧。一些学生将击破看得很重要。他们总是希望能够多击断一块木板或砖头,以突破自己的成绩。

如果学生要向一个更高的级别跃进时,在击破测试时,要受到监管。好的教练不会希望他的学生做超出自己能力的击破动作。击破的测试不是检测学生的勇气,而是检测学生的技巧与信心。

(二) 击破技术的定义

跆拳道击破又被称为功力击破,是以原地的拳、肘、手刀,及伴以旋转发力的腿法动作以脚击打的跆拳道进攻动作。手部动作击打时双脚不得脱离地面,主要动作有向下的正拳、背拳、立拳、手刀、侧面肘击等;脚步动作有(无助跑与借力)后踢、横踢、后旋踢、侧踢等。为体现功力及威力,击破物通常都为3块以上的木板、大理石或方砖、瓦片,在竞赛中均以动作规范、击破数量多者为胜方。击破项目也已经被列为全国大众跆拳道比赛的正式项目。在全国大众跆拳道比赛中,率先使用了可多次使用的亚克力专用击破瓦片和方砖,从而大大提高了安全性与环保性。

重度击破(也称作惊异击破),通常在正常的学习计划外单独地学习,这种高等级的击破技能,只是在学校搞武术演示时才被使用。学习这种技能的目的是检验学生们的力量和在这种特殊训练中所能表现出的镇静,最重要的是进攻中的沉着和思想上的镇静,你要直接面对攻击者的眼睛,并毫不退缩地向你选定的位置进攻。自信是每一个习武者所必须具备的,它可以使学生毫不犹豫地去做有效与必要的动作,而击破练习正是教练培养学生信心的途径。

(三) 击破技术的作用

击破是跆拳道技术表演的一个重要部分。形式上可以分为拳、掌、脚及身体腾空后配合脚的击破,是检验跆拳道练习者功力水平的标志。经过长时间跆拳道的科学系统训练,人体的关节部位能产生不可思议的威力,使人的精神和肉体达到内外合一的程度。所以跆拳道练习者常常通过对木板、砖瓦等物体的击打来测量验定练习者的功力,以此显示出练习者的训练水平。

击破是跆拳道练习者晋级考试升段位功力表演时必不可少的一项测试内容。击破者通过拳足力劈木板、砖瓦、岩石、酒瓶、水泥板,在击破的刹那让人颇为震撼,可将它看作获得力量和技术的一个标志,同时,也是作为测试练习者掌握技术和掌握实际功力程度的手段。在真正的击破中要求练习者有良好的整体爆发力、体力充沛、精神高度集中、沉着冷静、技术纯熟，强调气势，发声扬威，在击破瞬间突然爆发出自身精神和肉体最大潜力，充分发挥人体各部位的最大能量，达到摧毁性的效果，给人以不可思议的感觉。

（四）可用作击破的材料

用于测试初学者断折能力最普通的材料是四或五块二等级的白松木木板，这一木板长与宽各为30厘米，厚约2.5厘米。另一人应恰当并安全地拿着木板，以使学习者顺利进行击破，并避免不必要的伤害。

测试程序。在接受基本训练的学习者不会进行打折训练，用拳头的打击只有那些水平较高的学生才会去做，初学者可以完成的断折动作包括向下劈、斧头拳或侧踢。后面的程序由学生用右手来完成。

二、击破训练指导

击破项目的最佳练习者为16岁以上的少年男女。在训练的过程中，教练员要严格、谨慎地引导练习者使用正确的发力方法，循序渐进，逐渐增加击破物的数量。练习者练习击破的目的不是展示自己，而是通过练习可以有效地阻挡对手的进攻，在进攻中即使与对方发生碰撞也不会受到伤害，可以将自己的技术转换成进攻力量，因此，训练的重点放在身体素质、爆发力与稳定性上，必要的击破训练指导是十分有效的。

（一）锤拳击破

在这种击破中，一块木板还是两块木板依据学生的能力而定，悬置在两块水泥墩之上，站立时，用于击打的一手的肩膀垂直放在需要击打的物体的上方。在击打之前，将拳放于木板之上以保持正确的姿势。

左脚靠近左边的水泥墩，膝盖稍稍弯曲，右脚向后方放，腿伸直，手紧握拳头，拇指放好以防止受伤，拳尽量向后方高举，同时将臀部向左边扭，左边不用于击打的拳头向上移动并靠近肩膀，眼睛直视木板。

在右拳向下猛击时，发出"嘿呀"的呼喊声，不必在意将要击破的木板。恰当地放置木板，集中力量，自信将保证你成功地将木板击毁。正确地使用这一动作，将身体的力量用于击打之中。拳头底部的边缘是击打区域。

（二）下劈击破

下劈击破的姿势与锤拳击破的姿势相同，只是在举起胳膊的时候，手变成掌而不是拳头。下一个非常重要的动作是，在将手臂高举时，转动用于击打的手，拇指尽可能低弯向手掌，这会使手以正确的姿势下落并会避免受到不必要的伤害。首先，右臂展开向上高举，用于击打的一手成刀掌的姿势，拇指弯向手掌。将手腕向后转动，以保障击打时接触的位置恰当。将左膝盖弯曲，同时发出"嘿呀"的声音，并向下打去。击打时应有速度与自信，手上的肌肉垫与木板接触，与用掌根击破的情况相似。

下劈时，并不需要用到掌的全部的边缘。可以将手指从小指的根部开始沿手的边缘部分滑动，会感受到手腕处的那块骨头，在手腕之前是一块丰满的掌垫，它可以作为击破的表面。

（三）侧踢击破

在这样的击破技术中，要将眼与心集中于被击打的木板之上。从格斗的准备姿势开始，向前上步，进行侧踢，保证踢打的脚跟冲向目标。在做这一动作时，臀部冲向将要击破的木板，将脚平直有力地踢出，而且要利用好身体重量的冲力。拿着木板的人要保持不动，但需要将头转向一旁以保护脸，注意木板原来的位置，它足以说明击破的威力。

除非是在一位大师的专业指导之下接受适当的训练，否则初学者决不可尝试这种击破技巧，不正确的击破将会对手与脚造成严重的伤害。

三、正拳击破训练

（一）正拳击破木板

配合人员持击破木板，两手分别握于木板两端边缘部分，以前弓步站立。击破者先测好与攻击目标的距离，接着以实战姿势站立，目视木板，吸气，同时发声"啊嚓"，上动不停，随即以正拳击打的要领击破木板，击破后收脚还原成实战姿势。

（二）正拳击破大理石片

把大理石放于两块砖头上，分别置于大理石两端边缘部分。击破者先测好与攻击目标的距离，接着以实战姿势站立，目视大理石，吸气，同时发声"啊嚓"，上动不停，随即以正拳击打的要领击破数块大理石，击破后收脚还原成实战姿势。

（三）腾空越人正拳击破

配合人员持击破木板，两手分别握于木板两端边缘部分，以前弓步站立。

击破者先测好与攻击目标的移动距离，接着以实战姿势站立，目视踢击木板，吸气，同时发声"啊嚓"，动作不停，前腿随即以跳前踢要领踢去，击破后收脚还原成实战姿势。

第二节　跆拳道特技技术

一、特技技术的定义

跆拳道的表演是以腿法为主的运动，结合自身的特长可以表演出很精彩的动作。像腾空上踢、腾空横踢、腾空侧踢飞人、360度横踢单脚落地等都是跆拳道表演中很精彩的动作。其实跆拳道特技最需要的不是身体，而是心理，比如说单腿旋风踢，其实不用跳多高就能踢出来，但就是因为不能克服心理障碍，所以很难单腿落地；540度后旋也一样，腾空后旋都有许多人不敢踢，可能空翻需要一定的弹跳，不过后空翻跳时那种恐惧可不是弹跳可以削弱的。网上有很多精彩的跆拳道特技视频和图片，看着那些跆拳道特技的精彩表演真是让人叹为观止！不过有些特技光看视频是比较难学的，最好能去参加道馆的正规训练。像那些精彩的特技，要慢慢练习，不能急于求成。如果一下子都能练成的话，那就没有什么挑战了，也就不能称之为跆拳道特技了。

跆拳道特技是跆拳道练习者通过跳跃、过人、空翻踩踏、腾跃等高难度动作来体现的技巧。跆拳道特技是在身体腾空的状态下应用腿、脚等技术进行攻击和击破的表演方法。腾空动作主要包括直线腾空、斜线腾空、腾空旋转、腾空翻转等。

二、特技训练指导

要具有较好的协调性。常见的协调性训练方法包括跳绳，走平衡木，双手上下在背后抓握，腾空旋转跳跃，向前、向后及交叉步奔跑等。

要具有很好的爆发力。常见的爆发力训练方法有单腿抱胸跳、下蹲然后膝关节努力向上顶，达到极限，就像你做弹膝的基本动作一样，然后另一条腿带动你的身体做抱胸跳，也叫收腹跳。每天坚持，循序渐进，逐渐增多。还有一个就是膝关节做好侧踢伸腿的姿势，支撑腿向上跳跃，腾空后两腿膝关节撞击，然后支撑腿下落。另一条腿保持不动，也需要坚持练习。另有如立卧撑（就是俯卧撑加若干个跳跃）、蛙跳、负重的蹲跳起等，训练爆发力都有很好的效果。

要具有较好的柔韧性、耐力和扎实的基本功。柔韧性对各种高难度技术动作的发挥会有较大的影响,特技更不例外,因此要以正确的方式积极坚持各部位的柔韧性练习。

特技动作训练时,要注意运动员的安全,尽量以正确方式训练避免受伤。比如,一定要在垫子上进行训练,而且教练要做好保护措施,尤其在做倒立、翻腾、空翻等动作时更加要做足保护措施。值得提醒的是,基本腿法不过硬,会影响特技腿法的使用,所以在学习特技动作前,定要多练基本功,任何时候也不能松懈,这样才能达到更好的效果。

三、特技表演的作用

跆拳道的威力表演和特技表演统称"功力表演"。威力表演主要表现拳手的力度和拳脚硬度,所用的表演材料较硬较厚,所用的也是简单直接的实战动作。而特技表演则体现拳手敏捷的身手、高超的腿功、精确的判断力和准确的攻击技巧,采用的均是高难度腿法、连环腿法和腾空腿法。所用的表演材料要比威力表演材料较易击破击碎。

运动员应通过跆拳道特技表演,向观众展示跆拳道的精妙,让观众感受到跆拳道的力量与速度的完美结合,激发观众对跆拳道的学习热情,吸引更多的人投身于跆拳道训练中,增强体质,锻炼意志。同时,通过特技表演训练,增加拳手训练的难度,进一步提高运动员的弹跳力、爆发力和攻击的准确性,这对提高运动员的实战水平也是大有帮助的。在艰苦而又枯燥的训练当中,适当穿插一些特技表演训练,也能激发运动员的兴趣,让运动员对训练充满激情,从而收到良好的训练效果。

四、常见的特技表演方法

(一)单腿特技

单腿特技就是用一只脚单个腿法完成表演动作,是跆拳道特技表演中难度最小,动作最简单,也较容易掌握的特技。

1. 原地跳前踢

实战姿势站立,重心转移至前脚,上动不停,左脚用力蹬地,迅速向前方提膝、跳起,两手自然向下摆动。当左脚跳到一定高度时(高度以自身髋关节高度为宜)右脚发力,以前踢的方式向前上方踢出,力达脚尖,目视前方。身体在向后旋转时，要注意身体重心由前脚转换到两脚之间。同时在起跳的瞬间，要注意后脚的蹬地发力，两手向下快速后摆。跳前踢用于当对手忙于向后退却时，此时我方可快速跳起，向对方下颌踢出，以重创对手，或用于特技击破表演。

2. 腾空前踢击破

配合人员持击破木板，两手分别握于木板两端边缘部分，以前弓步站立。击破者先测好与攻击目标的移动距离，接着以实战姿势站立，目视踢击木板，吸气，同时发声"啊嚓"，动作不停，前腿随即以跳前踢要领踢去，击破后收脚还原成实战姿势。

3. 腾空侧踢

实战姿势站立，突然上步，后腿紧靠前腿，随即双脚先屈膝下蹲，双腿同时发力，向上跳起，此时左脚先上，上体侧身面向目标，当跳到最高点时，扭腰左腿按侧踢要领踢出，踢完后，弯曲收小腿，左脚先着地、右腿落在后方。注意在进行腾空侧踢时，可利用三步或四步的助跑，在身体腾空至最高点时，在空中应快速收膝、扭腰转身，注意攻击腿踢出后，应快速收回。腾空侧踢在实战或者比赛中可攻击对手的头部，但较少被应用。此技法常常用于击破表演中。

（1）腾空侧踢击破

配合人员持击破木板，两手分别握于木板两端边缘部分，以前弓步站立。击破者先测好与攻击目标的移动距离，接着以实战姿势站立，目视踢击木板，吸气，同时发声"啊嚓"，上动不停，前腿随即以侧踢要领踢去，击破后收脚还原成实战姿势。

（2）腾空越人击破

配合人员持击破木板，两手分别握于木板两端边缘部分，以前弓步站立。击破者先测好与攻击目标的移动距离，接着以实战姿势站立，目视踢击木板，吸气，同时发声"啊嚓"，上动不停，前腿随即以侧踢要领踢去，击破后收脚还原成实战姿势。

4. 腾空前踢击破木板或击碎瓦片

前踢是跆拳道腿法中最简单易学的基本腿法，任何一位稍加训练的人都能轻松地做出腾空前踢动作，但在特技表演中，要增加动作的难度和观赏性，这就需要尽量增加踢击的高度。

两名助手搭成人墙，一名助手站在二名助手肩上，手持小脚靶（以锻炼踢击准确性），另一名助手站在后面扶住上面的助手。表演者以实战势站在远处，看准踢击的目标与高度，做到心中有数，一切准备就绪，表演者大叫一声（助手也可随即大叫一声，以增加表演气氛，并可给表演者鼓劲），表演者从远处向目标方向急速起跑，接近助手时，左脚尽量向上提起，上动不停，右脚用力蹬地，身体向上腾空而起，身体继续向上腾起，右脚尖上顶，大小腿折叠，准备前踢，目视脚靶上动不停，右脚小腿向上弹击，用前脚掌击中脚靶，完成踢击动作后，左脚以前脚掌着地，右脚随即着地，还原成实战势。

表演完毕，表演者与助手迅速排列成横队向观众（主席台方向）立正行道礼，再跑步退场（以下每组表演均按此要求）。如在室内比赛场表演，一般采用木板击破，便于收拾场地和不影响后面的表演与比赛。如在室外表演，最好采用几块重叠的瓦片，击碎的瓦片和粉末能带来更好的表演效果。

动作要领：助跑动作要快，以获得最大的反冲力，使身体腾高。前踢只有做到迅速、果断、准确、有力，表演时才能击破木板。要以前脚掌为力点踢击，不要用脚背或脚尖，以免受伤。

5. 飞越障碍凌空侧踢击断木板

此特技主要体现运动员良好的身体素质、弹跳力和远距离攻击的准确性，表演时飞得越高越远越惊险刺激。训练方法：助手排列成一行，弯腰站好，另两名助手持脚靶站立。

在人墙另一端，距离要适中，便于表演者完成动作后着地。表演者在远处大叫一声，向前急速奔跑，接近人墙时向上跳起腾空，跨越人墙障碍，表演者利用奔跑惯性，飞越人墙，击中脚靶。动作要领如下所示。

①起跑接近人墙时，快速冲刺，以获得更大的惯性。

②越人墙时双脚屈膝收紧，不可擦到助手背部，以免造成伤害。在飞越人墙上空时利用身体前冲惯性，向前平行飞越，击中目标后，双脚落地站稳还原成实战姿势。

③开始训练时，先从3至4人练起，助手可前伏在地上，降低难度，注意安全，随着练习的时间加长，弹跳力和准确性有所增加，再逐渐增加人墙人数。

④踢击木板时，要以脚刀或脚跟为力点，脚掌与小腿扣紧成90度，以免损伤踝关节。

6. 腾空旋踢击断木板或击碎苹果

这是一个惊险刺激的特技表演，因为木板的高度在3米以上，表演者在2米以上的空中完成踢击动作，还要稳稳地落到地上站立，常常赢得观众兴奋的叫好声。

训练方法：一名助手持脚靶站在人墙上，另一名助手抱手挺胸站在脚靶下方，后面由人抵紧（不能晃动），表演者在远处做好准备，表演者向前起跑，表演者双脚腾空，飞身跃起，双脚轻轻蹬在助手胸部，上动不停，表演者在空中翻转身体，用右脚腾空旋踢击飞脚靶，再落地还原成实战姿势。

动作要领：整个动作在一瞬间完成，快速连贯。不可分解、脱节、停顿。踢击木板时，如木板较厚，就以前脚掌为力点踢击。如木板较薄，可用脚背去踢。落地时要站稳，防止跌倒受伤。如果你已成为黑带高手，表演时可用匕首插上一个苹果，用腾空横踢将苹果击碎，则更加精彩刺激。

7. 腾空转身360度旋风踢击破木板或击碎苹果

训练方法：助手持脚靶于头顶，表演者以右站势站立，调整动作距离，表演者上身向左后方快速扭转，左脚由后向前提起，上动不停，表演者上身继续旋转，右脚腾空跳起，用潇洒漂亮的旋风踢击飞脚靶，空中动作完成后，表演者右脚着地站稳，左脚随即着地还原成右站势。表演时可将助手头顶上的木板击破或将匕首上的苹果击碎。

动作要领：腾空转身360度要一气呵成，快速连贯。旋风踢要快、准、狠，落地要稳。

8. 后空翻击破

配合人员持击破木板，两手分别握于木板两端边缘部分，以前弓步站立。击破者先测好与攻击目标的移动距离，接着以实战姿势站立，目视踢击木板，吸气，同时发声"啊嚓"，上动不停，前腿随即以侧踢要领踢去，击破后收脚还原成实战姿势。

（二）双腿特技

双腿特技就是用双脚同时或先后腾空踢击木板或其他物体的特技，难度比单腿特技要大。

1. 二段同时前提前踢

四名助手搭成人墙，手持脚靶准备，表演者站在远处，表演者大叫一声，向前助跑、起跳，表演者双脚屈膝，身体腾空而起，准备踢击，上动不停，表演者小腿向上弹击，以双脚前掌同时击中脚靶。

动作要领：双脚必须同时击中目标，如一前一后，则第二块木板不易击断。完成空中前踢后，落地站稳成实战姿势。

2. 腾空双脚跳前踢

配合人员持击破木板，两手分别握于木板两端边缘部分。击破者先测好与攻击目标的移动距离，接着以实战姿势站立，目视踢击木板，吸气，同时发声"啊掣"，动作不停，双脚腿随即以侧踢要领踢去，击破后收脚还原成实战姿势。

3. 腾空连续三前踢击破

配合人员持击破木板，两手分别握于木板两端边缘部分。击破者先测好与攻击目标的移动距离，接着以实战姿势站立，目视踢击木板，吸气，同时发声"啊掣"，动作不停，双脚腿随即以侧踢要领踢去，击破后收脚还原成实战姿势。

五、跆拳道特技表演成功的技巧

（一）道具的准备

表演过程中所使用的木板、木棍、砖头、瓦块、冰块、石块、椅子及音乐等辅助性设备我们都统称为"道具"。在道具的准备过程中我们一定要注意以下几点。

道具的准备一定要根据表演运动员的实际能力和表演技术的难易程度来选择和准备。道具的准备一定要根据表演节目的内容和形式来选择和准备。在整个表演中道具的选择要难易有别，种类丰富。

道具在准备好以后要有专人负责保管、运输、检查、确认。避免在表演时出现找不到道具或是道具损坏及音乐出错的现象发生。作为表演运动员助手的队员，一定要对自己所负责的道具如何摆放做到心中有数。运动员一定要清楚自己表演时所使用道具的类型及摆放的位置。

表演中所使用的道具在表演结束后一定要注意及时收集统一处理，表演完成后，道具到处乱丢乱放是表演的一大忌，这也是对跆拳道运动员整体素质的一个测试，不可不引起重视。

（二）效果的营造

在晚间或光线相对暗一些的舞台进行表演时，可在被击破物的表面涂抹可燃烧物，如酒精、水火油等，这样不但提高了视觉的冲击力，而且无形提高了表演在观众心目中的难度。

在进行特技表演时，主要体现的是动作的难度和技巧，力度次之，这样势必在击破物的选择上就不宜太坚硬，比如在木板选择上就要相对薄一些、脆一些，而且还可在被击破物的背面固定"拉炮"，这样可以从听觉上提高表演对观众的冲击力，使表演效果大大提高。

在利用水果如梨、苹果作为击破物时，可事先将水果用刀子切划下，在表演者踢击目标时，就会使击破物向四周飞散，这样在视觉上可以让观众更为直观地领略运动员高超的技术。

威力表演与特技表演有所不同，威力表演主要体现的是运动员手脚的力度和硬度，因此所选用的击破物一定要货真价实，切不可弄虚作假，在击破物的选择上，在同种难度的情况下，瓦块、砖头、花岗岩、石块、冰块比木块的冲击力要更强一些。

在表演时可邀请一些观众现场对击破物进行检查或是让其尝试一下，为观众提供参与机会，这样的互动安排对现场的表演效果将起到有效的提升作用。

在表演中安排一定比例的女队员和少儿选手参加对于表演气氛和表演效果的提升将会事半功倍。原则只有一个：一定要确保女队员和少儿选手的安全，不宜安排超出其能力之外的威力表演。

根据表演主题、时间、地点等不同的内容和情况可以提前准备一些点明主题、体现跆拳道精神或是与现场气氛相呼应的标语、布标，隐藏于被击破物内，在击破物被击破的瞬间让标语或布标出现，可以收到意想不到的效果。唯一要注意的是，标语或布标的内容，用语一定要立意新，语句通顺，用字用句规范，准确得体，千万不要出现错、漏字现象。

在夜晚露天场所进行表演时，可根据表演的情况在表演即将结束的时刻，通过燃放大号"烟花"将活动推向高潮。这时候的现场秩序和安全要特别注意。在室内进行表演时，可在表演的精彩时刻喷射常用的礼花。节目的编排和表演要注意处理好以下六点内容。

第一，难易。难易动作要交替安排，没有简单容易的动作不足以体现难度高的动作，无对比则不知高低难易。

第二，多少。每次上场进行表演的人员要有多少变化。难度高、惊险刺激的，要突出重点，聚焦个别人；技术动作普及，相比较容易一点的可安排多人同时进行表演，通过气势体现出激情。

第三，快慢。整个节目的节奏要交叉协调，快慢有致。表演过程中的高、难、险、急的，我们可以统称为"快"；轻柔、基础、舒缓的我们可以统称为"慢"；表演时不可把高、难、险、急的节目内容集中安排在一起表演，把轻柔、基础、舒缓的节目内容集中安排在一起表演,这样势必造成节目的整体性下降,节目间的反差过大,前后脱节。

第四,惊险诙谐。跆拳道的特技、威力表演整体应该说是扣人心弦,使人紧张激动的,在整个表演过程中能有意识地将表演内容戏剧化、情景化,将会让表演更加打动人心。如在紧张热烈的氛围当中穿插个别提前编排的有关跆拳道以少胜多、见义勇为、制服歹徒等1对2的对打、1对2的3人对打等夸张幽默的小品表演,将使观众在笑声中缓解紧张的神经,同时对跆拳道的实用性又有了充分的认识,真可谓是神来之笔。

第五,男女。俗话说:"男女搭配干活不累。"在表演和训练中有了男女的搭配,不但可以提高运动员的训练热情,而且可以让观众在观看中更能体会到阳刚之美与巾帼豪气的和谐之美。

第六,老少。老、少队员的加入和参与,更能吸引观众的注意力,不但可以成为表演中的"亮点",而且可以激发年轻运动员的斗志和激情。但是,老、少队员表演的节目数量占整体表演节目的比率不可过高过大。

随着跆拳道的不断普及,它的表演形式也应该不断地丰富和完善。表演中我们可以利用一些节奏强烈的音乐将跆拳道的一些特色踢击技术编排起来,用健美操、街舞等流行的现代形式来表现跆拳道朝气蓬勃、青春、热烈、阳光的一面。也可以通过跆拳道的技术与中国古典音乐和太极拳的有机结合展现出其深沉内敛、儒雅博大、旷古高远的另外一面。这样的动静安排、刚柔对比,不但可以满足年轻观众的需要,而且能让年长一些的观众找到自己的感悟和心想所往,让观众在"看"的同时引发心灵的所"想"。

根据表演规模的大小和表演主题的要求,可以同时组织与之相关的新闻报道和专题摄影比赛。记者、摄影师的参与会使激发运动员的表演欲望和提升表演的气氛取得意想不到的效果。

表演过程中运动员在完成一些特别高、难、险、奇的威力、特技动作时,人为或是无意地出现个别失误或是差错,不但可以让观众对该威力、特技动作的高、难、险、奇有更深的了解和认识,而且可以引起观众的关注和担心。最后经过2次或3次的努力最终高质量地完成该动作的表演,这样的效果更是妙在其中。但是,如果技术动作一般,人为出现失误则可能是画蛇添足、弄巧成拙、无法原谅的。

表演过程中在完成一些连续组合或是特别的威力、特技动作时,可以先让运动员将要表演的动作按表演的顺序进行分解模拟展示,让观众对该威力、特技动作表演的顺序和内容有一个直观的了解,这样有利于观众更好地观看,也有利于现场的摄影记者和摄影师提前选择好拍摄角度。同时,有利于现场表演气氛的营造。

六、跆拳道击破和特技表演的观赏

跆拳道运动凶猛强悍,故高手们都用砖瓦或木板来显露身手,并且经常将攻击目标抛向空中,然后跳起击破——这就是跆拳道特技表演之一。在大型跆拳道比赛的开幕式上,经常可以看到跆拳道运动员的功力和特技表演。比如腾空连越数人踢碎数块木板的特技。在组织各类跆拳道威力、特技表演时,确定一个合适的主持人至关重要。该主持人要能根据现场情况通过自己的言语适时地宣传有关跆拳道的知识,引导观众如何欣赏表演,调节现场气氛,控制表演的节奏,营造出轻松、愉快、互动、热烈的表演氛围,这也是确保表演成功的关键因素。我们可以从以下几个角度去观赏。

第一,功力和特技表演的难度。既然是功力和特技表演,就带有一定的表演性,就要有一定难度的特技,如此才能吸引观众。许多人认为有难度才会有挑战,有挑战才刺激。所以现代人经常通过参加攀岩等一些有难度、有挑战的运动来磨炼自己。一个跆拳道高手,一掌劈断数块石板让人看得触目惊心,对他佩服不已。

第二,功力和特技表演的运用力学原理。跆拳道功力和特技表演大部分都会用到物理力学的原理和跆拳道的腿法。通过助跑腾空跳起连过数人,利用一个侧踢,把几块木板踢得到处飞,让人看得眼花缭乱。

第三,功力和特技表演的惊险性。功力和特技表演往往有惊无险,只有这样才能够带动观众观赏的欲望。现代人喜欢追求惊险刺激,特别是喜欢观看惊险刺激的表演。

第三节 跆拳道(操)舞技术

一、跆拳道(操)舞概述

跆拳道(操)舞将武道与音乐相结合,是对跆拳道的创新,也离不开朝鲜民族的能歌善舞的民族特点,跆拳道(操)舞在出现的初期就得到了人们的关注与青睐,尤其是青少年。中国跆拳道在发展的过程中,也吸取了韩国各种跆拳道(操)舞的优点,希望通过自己的改变与创新,使跆拳道(操)舞得到更好的发展，通过跆拳道（操）舞调动人们的运动激情。

二、跆拳道（操）舞的种类分析

在韩国，跆拳道（操）舞主要分为两种。第一种是将比较清新、稳定的音乐作为背景，运用基本的跆拳道动作组成整套表演，练习者在稳定的音乐中展示每个动作的力度与力量，这就类似于健美操。这也就是为什么将其称为跆拳道操的原因。这种形式的动作比较简单，节奏明确，难度较小，通过练习很容易掌握，因此，吸引了很多女性的关注。

第二种是比较适合青少年展示与表演的跆拳道舞蹈，背景音乐会选择节奏强，有很大起伏的现代舞蹈音乐，在编排上比较重视视觉的感染力与冲击力。虽然是基本动作，但是有现代因素，可以展现出不同的主体与风格，带给观众不同的视觉享受。

三、跆拳道（操）舞的看点

跆拳道舞（操）以舞蹈为表现形式，以跆拳道品势动作与攻防技术为主要动作元素，编排创意好的跆拳道（操）舞至少应该具有以下几个特点。

第一，具有较好的听觉效果。一段富有极强感染力的背景音乐，无疑会首先通过听觉神经给观众带来听觉震撼，令人快速集中视线去关注舞台上即将展开的表演。从这点来看恰当的音乐选择是跆拳道舞（操）作品取得成功的第一步。

第二，具有良好的视觉效果。由于目前的跆拳道舞（操）必须是集体展示，所以整个作品的视觉效果设计至关重要。动作的合理结构与衔接、整齐划一的动作流程、出人意料的技术体现、队形的变化、技术展现的效果、健康充满活力的队员形象、整洁完美的服装搭配都将决定整个作品的视觉冲击力。

第三，要突出主题与灵魂。跆拳道舞（操）不是一味堆砌技术动作或舞蹈动作，要将我们所熟悉的每个跆拳道攻防技术动作赋予更高境界的意义与理念，这才是重要的。

第四，把握好动作结构与视觉效果。跆拳道（操）舞的构图及队形变换在作品中至关重要，好的构图、出奇制胜的变化能使人振奋与感动，很容易成为舞蹈的高潮。如果做到合理巧妙地进行队形变化与穿插走位，可以使整套跆拳道（操）舞获得更加丰满的层次视觉效果。

四、比赛观赏的规范

跆拳道被世人誉为"世界第一搏击运动",具有很强的观赏价值。当代黑带选手们,在台上"喝哈"的喊声如雷,出腿如风、腾挪闪避,击破特技的表演,让人眼花缭乱,台下的观众会不由自主地为之震撼与惊叹。

外行看热闹,内行看门道,作为一名跆拳道的练习者和爱好者,学会观赏跆拳道比赛很重要。也许你对此不屑,坐着看比赛还需要学吗?其实不然,跆拳道比赛精彩刺激、愉悦人心,作为一名跆拳道的练习者应该具备一定的观赏能力。人长我取,人短我弃,在观看比赛时应仔细观察道友之长,思考并取别人实战的战术与腿法的长处。跆拳道比赛可以从以下角度观赏。

(一)了解比赛程序

在观看任何运动的比赛前,一定要先熟悉规则,了解比赛程序。观看跆拳道比赛,至少要知道一些跆拳道比赛规则,了解在跆拳道比赛中何时得分,何时不得分,得几分。例如,打到对方被护具保护的躯干得1分,打到头部得3分,等等。

(二)从战术的角度去观看比赛

一般拳手对对手的战术特点都有一定了解(比如这位擅长高横踢加侧旋踢,另一位习惯于劈腿加腾空后踢),通常在比赛前已制定了对应的战术。要观察他们如何诱敌使招,如何发挥自己的技术特长。面对陌生的新手,双方都会有一个适应期,所以要捕捉对方的招式,及时出探招,探出对手出招前的习惯动作和对手的缺点,等等。

(三)观看运动员在比赛场上的表现

在跆拳道比赛中,要从运动员在场上的表现方面去观看比赛。一场精彩的跆拳道比赛,其实就是两个运动员精彩的表演。运动员在比赛场上不断使出自己的绝招,你来我往,两腿翻飞,看得台下观众直叫好。

第十章　跆拳道运动损伤的预防工作

跆拳道是一项紧张、激烈的对抗性搏击项目，以用拳、脚直接击打对手的有效部位得分而获胜。在跆拳道训练中，运动员受伤的概率较其他项目要大。因此，应做好跆拳道运动损伤的预防工作。本章分为运动损伤的分类、跆拳道运动损伤产生的原因与预防以及跆拳道运动损伤的急救三部分。

第一节　运动损伤的分类

一、开放性损伤

开放性损伤是指运动损伤后皮肤或黏膜的完整性遭到破坏，使得损伤组织与外界相通，有外出血现象。例如，擦伤、挫伤和撕裂伤等。

（一）擦伤

在击打过程中，上肢、下肢、拳部、脚背等部位受到护具的摩擦，会产生浅层的表皮磨损，伤口上有擦伤痕迹和小出血点。跆拳道是一个身体接触的对抗项目，发生擦伤的可能性很高。

（二）撕裂伤

由于跆拳道是一项身体接触比较激烈的对抗项目，发生撕裂伤的概率也较高。在跆拳道项目中，常见的撕裂伤包括眉弓部、前额和唇部的撕裂等。撕裂伤通常发生在比赛或实战中。

二、闭合性损伤

闭合性损伤是指损伤后皮肤和黏膜保持完整，损伤组织未与外界相通。例如，肌肉拉伤、关节扭伤、脑震荡、闭合性骨折或关节脱位等。这些损伤一般会有内出血现象。

（一）扭伤

扭伤是软组织发生撕裂或断裂导致的。由于跆拳道的发力方式是爆发性的，动作速度快，动作转换迅速，因此很容易发生扭伤。容易发生扭伤的部位包括膝关节、腕关节、肘关节、腿部后群肌肉等。

（二）骨伤

跆拳道是对抗性比较强的运动项目，也容易发生骨伤。常见的骨伤包括骨折、关节脱位等。骨折是指骨骼的完整性受到破坏。骨折发生后，不仅会导致肿胀、疼痛和皮下瘀血等，还会导致畸形、功能丧失，甚至休克。关节脱位也称脱臼，即关节面之间失去了正常联系。关节脱位会伴有关节周围软组织损伤、关节囊撕裂等，严重时会伤及神经。

（三）肌肉拉伤

当肌肉的主动收缩超过负担能力或被动拉长超过伸展性时，就会发生肌肉拉伤，即肌肉微细损伤、肌肉部分撕裂或完全撕裂。在跆拳道运动中，常见的肌肉拉伤是大腿后群屈肌的肌肉拉伤。例如，下劈时用力过猛却又踢空时，就容易发生肌肉拉伤。此外，如果准备活动不充分或者长时间训练、比赛等，运动员会产生疲劳积累，不加注意很容易发生肌肉拉伤，甚至发生肌肉断裂。

第二节 跆拳道运动损伤产生的原因与预防

一、跆拳道运动损伤产生的原因

（一）内在因素

1. 身体条件

（1）年龄

不同年龄的运动损伤有不同的特点。青少年的骨骼发育尚未成熟，对外力的防御能力较弱。青少年发育中的软骨与成人相比也显得稍微软弱。关节由骨和其周围的韧带、关节囊构成。当韧带受到暴力损伤时，骨和软骨往往会出现损伤。有关学者对跆拳道运动员损伤情况做了统计研究，统计结果表明，青少年最常见的运动损伤是骨折,其次是扭伤和挫伤,成人最常见的运动损伤是扭伤和挫伤,其次是骨折。

（2）性别

男性和女性的身体脂肪含量具有明显的差别,男性的正常体脂率要低于女性的正常体脂率。性别差异的另一个表现点是女性比男性更容易出现下肢轻度膝内翻畸形,下肢力线的不准确导致小腿肌肉产生积累性劳损,出现疲劳性胫部疼痛的症状。性别差异还表现在女性的月经期,女性在此期间进行大负荷训练后,容易出现月经紊乱,导致雌激素分泌下降,这是发生疲劳性骨折的原因之一。

（3）体格

体重较重的运动员比体重较轻的运动员更容易出现运动损伤,这是因为他们体内的脂肪较多,肌肉的发达程度较差,身体的耐久力与灵活性也相对较差。因此,他们在抵御创伤的能力上,处于不利的地位。伸肌群和屈肌群的肌肉力量比也是影响跆拳道运动损伤的一个因素。例如,膝的伸肌和屈肌肌力比不平衡,大腿后群肌肉就容易发生肌肉撕裂。

（4）技能

对于尚未熟练掌握跆拳道技术的运动员,容易因为训练不当,发生运动损伤。例如,初学跆拳道腿法的学员,其膝关节周围就容易发生运动损伤。在实战或条件实战中容易造成肌肉和关节的扭伤、挫伤。因此,应该根据学员的实际情况,进行合理的训练安排。

2. 心理素质

①状态不佳。身体机能下降,会使运动员的协调能力和力量下降,容易出现错误动作,给对方可乘之机。

②注意力分散。运动员如果注意力分散,很容易发生运动损伤。

③过度紧张。在实战中,应该有必须战胜对方的想法。如果认为对方水平很高时,心里就会紧张。心里紧张会使得肌肉紧张,进而使反应和速度受到消极影响,消耗不必要的体力。运动员的体力消耗过多,就会产生肌肉疲劳,难以发挥正常水平,最终无法投入比赛。所以,在努力训练的同时也要接受必要的心理指导,从而缓解不必要的紧张。

（二）外在因素

1. 方法因素

①量的因素。运动量过大，时间过长，频度过高，均易增加运动损伤的发生率。如果每周训练 14 小时以上，7.3% 的跆拳道初学者会出现不同程度的运动损伤。

②缺乏自我保护意识和措施。学员对跆拳道运动方面的知识了解较少，缺乏预防运动损伤的知识，也没有运动损伤后急救的经验。

③局部负荷过重。如果运动员的某块肌肉过度使用，就会产生肌肉疲劳，进而导致运动损伤。

④动作不规范。动作不正确或不协调也容易发生运动损伤。

⑤对抗性较强。跆拳道是一项对抗性较强的运动项目，难免发生运动损伤。特别是在实战对抗过程中，运动员发生运动损伤的概率较高。

⑥准备活动不充分。运动员在训练或比赛开始前若未能进行充分的准备活动，就会使得关节、肌肉和韧带处于僵硬状态。

2. 环境因素

①自然环境。自然环境中最具影响的因素包括气候、湿度和温度等。有学者在分析下肢与足部运动损伤时发现，肌肉损伤在 4、5 和 6 月发生的概率较高。这是因为此时为梅雨季节，空气湿度增大，温差较大。

②人工环境。人工环境中可能会导致运动损伤的因素包括训练场地不标准、器械质量差、护具破损、运动员犯规等。另外，运动员的服装不合适，也会导致运动损伤，如鞋子过小，常常会造成踝关节扭伤。场地情况恶劣，如杂草丛生、凹凸不平，有金属钉类或石块等，这些都可能造成运动损伤。

二、跆拳道运动损伤的预防

（一）加强易伤部位的肌力练习

根据跆拳道项目的特点以及人体的薄弱点，如脚、踝、膝关节和腰等部位，加强对易伤部位的针对性练习，这对于预防运动损伤是非常有效的。例如，进行股四头肌的力量练习可以减轻膝关节的负担；加强腰部力量的练习，可以防止腰肌劳损和减少其他情况下的腰部损伤。

（二）准备活动要充分

对运动员来说，准备活动非常重要，运动员不仅要将四肢和躯干的大肌肉群活动开，还要将小关节活动开。充分的准备活动，能够让运动员的基础体温上升，增加深部肌肉的血液循环，提高肌肉的应激性，提高关节的柔韧性。因此，在训练和比赛之前，必须安排20～30分钟的准备活动。训练和比赛前的准备活动不尽相同，应根据具体情况灵活安排。

（三）合理安排训练

如果训练安排不合理，不符合科学的训练原则，违反一些生理规律，运动负荷就会对机体造成过度损伤。教练可能在为提高某一项技术动作或素质时，过多、过急地开展专项练习，没有考虑到学员的具体情况，导致局部负荷过大，机体不能适应训练内容，造成运动损伤。

教练在确定训练计划时，需要根据学员的性别、年龄、健康状况、技术水平等方面的实际情况，在运动负荷上因人而异，科学提高运动负荷。在训练中，要注意避免局部负担过重，以免出现肌肉疲劳，导致运动损伤。每组训练的休息时间中可安排一些合适的放松练习，让机体得到休息。

（四）建立良好的训练环境

跆拳道训练中的场地、设备和器具等周围环境，在训练和比赛前都应进行严格的安全检查。在高低不平的软垫上训练容易发生踝关节扭伤；运动员护具的大小应该适合运动员的身材体型；为防止损伤，女运动员的项链、耳环等锐利物品在训练时都不准佩戴；运动鞋的选择应根据足的大小和足弓的高低，一般要求为平底鞋，且鞋底要具有一定的厚度和柔软性；光脚训练时，要确保场地内无玻璃、金属等尖锐物体，确保场地安全。

三、跆拳道运动员的自我监督

（一）客观检查

跆拳道运动员对自身的客观检查可以通过简单的体格检查和观察身体的新陈代谢情况结合进行。客观检查的内容主要包括检查脉搏情况、体温情况、体重情况、运动成绩、伤病情况、女性月经情况等。

1. 脉搏情况

运动员通过对自身脉搏情况的检查，可以了解到自身的疲劳和心脏机能情况。脉搏检查要注意内外因素对脉搏跳动频率的影响，要注意脉搏频率、强弱以及节律等方面的变化。通常情况下，长时间参加跆拳道训练的人，安静状态下的脉搏较慢；而较少参加跆拳道训练的人，脉搏相对较快。如果训练水平提高或下降，脉搏就会相应地发生一些变化。

在利用脉搏进行自我监测时，一般都选择清晨卧位安静状态下的脉搏。因为此时的脉搏能够比较准确客观地反映人体的机能情况。如果清晨卧位脉搏不变或下降，说明身体机能状态良好；如果每分钟脉搏增加超过 12 次，说明机能状态不良，可能与睡眠质量不好或疾病有关，需要及时处理。在测量清晨卧位脉搏时，一般以 10 秒为单位记录数值，以此为依据计算出每分钟的脉搏。跆拳道训练前、训练中以及训练后的脉搏也能作为自我监测训练效果的指标。

2. 体温情况

体温情况是运动员自我监督的重要方面之一。体温能够在一定程度上反映运动员的身体代谢水平，还能够反映出运动员比赛的紧张情况。通常情况下，正常人的口腔温度应该为 36.5～37.2 ℃，腋下温度比口腔温度低 0.3～0.6 ℃。运动员的体温会随着性别、年龄、身体状态、外界环境等的不同而发生波动。在非运动训练时，运动员的基础体温和正常人相同；在运动训练中，肌肉运动产热明显，机体代谢速度加快，运动员的体温会略有升高。

3. 体重情况

体重能够综合反映出人体骨骼、肌肉、脂肪和脏器等的生长发育情况。通过观察运动员的体重变化，能够在一定程度上观察出运动员的运动量是否合适。一般情况下，运动员在训练后体重都会下降，下降的幅度和运动时间、运动强度成正比。运动员在接受系统的训练后，其体重变化表现为以下三个阶段。

第一阶段：体重逐渐下降。机体由于失去过多水分和脂肪，体重呈现出逐渐下降的趋势。该阶段的持续时间一般为 3～4 周，体重下降一般为 2～3 千克。体型较胖的运动员，体重下降的幅度会稍大一些。

第二阶段：体重相对稳定。跆拳道训练后减轻的体重在 1～2 天内得到完全恢复，持续时间一般为 5～6 周。

第三阶段：体重有所增加并保持在一定水平上，这主要是因为肌肉等组织逐渐发达。如果发现体重减轻了 2～3 千克以上，应该考虑运动量是否过大，减少运动量后，体重仍不能回升，就需要去检查身体。

运动员的体重自我监测，可以每周进行 1～2 次，每次在同一时间测量。为减少误差，应尽可能穿内衣裤，并空腹进行。如果体重出现进行性下降并伴有其他异常征兆，说明训练过度或患有慢性消耗性疾病，应及时调整训练计划并治疗疾病。除了定期测量外，还可以在训练前后分别测量。

4. 运动成绩

运动成绩是运动员自我监督的一个重要方面。如果运动员采用了科学的训练方法，适宜地进行了一段时间的训练后，训练效果会逐渐明显。可以通过运动成绩来检验运动员的训练成果。运动员的运动成绩能够反映出训练安排是否合理，有利于完善训练计划，进一步提高运动水平。如果运动成绩长时间不增长甚至下降，说明训练过度或者机能状况不佳等。由此可见，运动成绩是运动员客观检查运动训练和健康状况的一个指标。

5. 伤病情况

在训练和比赛中，运动员应该做好伤病情况的自我监督。尤其是在参加跆拳道比赛时，更应该每天检查伤病情况，及时发现尽早治疗。例如，肩部易伤部位可做肩的反弓实验，检查肩部是否受损。

6. 女性月经情况

对女运动员来说，月经情况也是运动训练中需要注意的一个方面。月经周期受下丘脑—垂体—卵巢分泌性激素的反馈调节控制，在训练中可能被打破平衡，出现功能紊乱，导致运动性月经失调。因此，女运动员应该详细记录月经周期情况，掌握自身的生物节律变化，从而更好地参与训练。

（二）主观感觉

1. 精神状态

精神状态是人脑对外界刺激做出反应时所表现出的功能活动状态。运动员应该具备评价自身精神状态的能力，制定自我监督表，客观记录并评价自身的精神状态。良好的精神状态应该是情绪稳定、精力充沛的；不良的精神状态是情绪容易激动、精神不振的；一般的精神状态介于二者之间。为了保持良好的健康状况，运动员应该保持良好的精神状态。

2. 自然反应

一般而言，人体机能处于正常状态时则自我感觉良好。如果运动员在训练中或训练后，出现异常的疲劳、恶心、头晕、呕吐等，则说明体力不足或者患上了病。因此，运动员应该主动观察自身的自然反应。

四、比赛各个阶段的医务监督

（一）赛前医务监督

①做好比赛日程安排。在比赛前，相关组织人员需要依据运动员的性别、年龄和体重等进行分组。应该保证每位运动员有适当的休息时间，每位运动员每天参加的项目不应过多。

②做好场地、器械检查。比赛之前，医务监督者应做好运动员的饮食、急救设施等方面的准备工作，保障运动员的安全。

③进行赛前体检。在比赛开始前，运动员应该进行严格的体检，重点检查心血管系统，检查项目包括心率、血压、胸透、心电图等，必要时还需要进行机能实验。当运动员有发烧、感冒、过度疲劳、心脏有病理性杂音、外伤未愈等情况，不得参加比赛。女性月经期也不适宜参加剧烈运动。

④做好准备活动。在正式比赛前，运动员应根据不同项目的特点进行准备活动，要尤其注意易伤部位的准备活动。

⑤合理膳食。运动员应该注重比赛前的合理膳食，要依据参加的具体项目、体能消耗等情况，科学安排膳食和就餐时间，增加糖分、蛋白质以及脂肪的供应量，为接下来的比赛提供能量。

⑥做好宣传教育工作。比赛前的宣传教育工作包括比赛的相关知识，医务监督与保护，运动损伤的预防和急救等，尤其是在冬春季节，要做好让运动员进行充分准备活动的宣传教育工作。

（二）赛中医务监督

①检查运动员必要的机能情况，观察其比赛中的机能变化，如体温、血压、心率、肌肉状态等。

②缓解运动员的负面情绪，使其以最佳状态投入比赛。

③做好运动员赛中的补充水分和营养工作。如果在夏季进行比赛，更需要注意补充运动员的水分和盐分，避免发生中暑。

④做好比赛中运动员的运动损伤预防和急救工作。例如，运动员在比赛中出现低血糖、中暑、腹痛、肌肉痉挛等情况，应该及时处理。

⑤运动员应有高尚的体育道德，遵守跆拳道竞赛规则，不做出任何可能伤害对方的举动。例如，对方受伤或受重击倒地后，不得继续击打对方。裁判应根据运动员的受伤情况决定是否能够继续参赛。

（三）赛后医务监督

①在比赛结束后的一段时间内，运动员应进行体格检查，包括心率、血压、体重、心电图、尿蛋白、心功能实验等，以观察运动员的机体恢复情况。

②运动员在比赛时消耗过大，应科学合理地安排饮食，注重膳食营养的合理搭配，使体能得到恢复。

③做好疾病的预防。跆拳道运动比较激烈，运动后身体疲惫，抵抗力会下降，容易患病。

④运动员在比赛后应充分休息。在赛后的休整期内，应保证运动员的睡眠时间，以恢复体能。

第三节 跆拳道运动损伤的急救

一、击倒后昏迷的急救

在跆拳道训练或比赛中，因重击而导致的瞬间休克或昏迷，会产生以下症状：短暂的意识障碍而引起的倒地不起、站立不稳、双目失神等现象。

（一）脑震荡

脑部受到猛烈撞击会引起脑震荡，表现出短暂的意识障碍。在跆拳道中受到对手的下劈很容易造成脑震荡，应检查运动员的双眼瞳孔，如果瞳孔不对称，说明已经出现脑震荡。如果意识模糊，就要让选手吸入阿摩尼亚等刺激物使其清醒，然后再用冷水浇头部和脸部。清醒后如果还昏沉、呕吐，就要马上送到医院。在比赛或实战中出现休克现象后，可用大拇指强刺激伤者的人中涌泉内关等穴位。比赛时地面不要过硬。头骨薄（通过 X 光拍照）的选手不应该参加比赛。

（二）腹部遭重击

训练或比赛中腹部受到猛烈打击后，腹部肌肉间接接触到腹腔内的神经网，会出现横膈膜麻痹现象，还可能出现暂时性休克，表现为意识清醒，发生语言障碍。腹疼的程度和运动负荷密切相关。训练中出现腹痛后，可适当降低训练密度，自己可采用呼气，调整呼吸节奏，手按腹部鼓起的肌肉，按压疼痛的部位，做几次深呼吸，可缓解疼痛，很快恢复无事可继续进行训练。如果仍有不适的感觉，应到医院进行进一步治疗。

二、肌肉受伤急救

（一）肌肉僵硬和肌肉痛

跆拳道修习初期，如果运动过度，会发生肌肉僵硬和肌肉痛的情况，有时两种情况会同时发生。如果发生肌肉僵硬，轻微按摩，或用热水烫敷，就能使其好转。因为这些运动可以消除肌肉局部累积的废物和体液。肌肉僵硬和肌肉疼痛稍不注意会转换成肌肉扭伤、痉挛或炎症等，那时就需要专业医生的治疗。为了预防上述情况，训练时要进行充分的准备活动，汗水湿透的衣服要换成干衣服避免着凉。

出现局部肌肉疼痛、发胀或发硬后，可对肌肉进行热敷，这样会促使血液循环及代谢过程加快，有助于损伤组织的修复和缓解疼痛。另外，还可以进行肌肉按摩，按摩的过程中能促进血液循环，放松肌肉，缓解肌肉疼痛。

（二）肌肉挫伤

肌肉挫伤是指外部力量直接影响到肌肉或组织，导致外部皮肤完好而内部组织受到损伤的情况。出现肌肉挫伤应迅速处理，方法为冷敷后，绑上弹力绷带，然后热敷或按摩疼痛部位之后再贴上膏药。适当使用护具会预防此类情况的发生。

（三）肌肉炎症

在训练或准备活动不足的情况下，过度使用肌肉或挫伤肌肉，容易引发肌肉炎症。一般症状为发肿且局部疼痛，有时会化脓及发寒发热。初期症状可通过冷敷及轻微按摩有效缓解。如果局部发烫、全身发热，先冷敷然后要马上就医。

（四）肌肉拉伤

肌肉拉伤是指肌肉、肌肉膜、韧带、肌腱等部位过度牵拉，使部分组织撕断或撕裂。发生拉伤时，为防止出血及血肿的扩散，首先要用绷带包紧后在局部进行冷敷，局部加压包扎，抬高伤肢。保守疗法是损伤的肌肉和肌腱要尽量休息直到痊愈，完全断裂时需要进行外科手术。怀疑肌肉或肌腱断裂者，应该固定伤肢，并加压包扎，及时送往医院治疗。积极疗法适用于轻微拉伤。

以大腿部拉伤为例，第一天要散步使肌肉放松，逐渐加快速度；第二天慢跑；第三天早上要加一些速度，晚上就以平时训练速度的3/4速度跑步；第四天开始以正常速度跑步并拆下胶布绷带。

（五）肌肉痉挛

训练中出现痉挛后，牵引痉挛的肌肉是常用的缓解办法。例如，小腿腓肠肌痉挛时，可取坐位或仰卧位，伸直膝关节，缓慢用力地将足部背伸。牵引过程中注意用力宜缓，切忌猛力，以防肌肉拉伤同时可配合局部穴位按摩等措施。

三、骨折急救

骨折常发生在锁骨、肋骨、四肢骨等部位，四肢骨一般发生在骨头端部。骨折可分为闭合性骨折与开放性骨折两种。闭合性骨折皮肤完整，较为容易治疗；开放性骨折皮肤破裂，骨折部位与外界相通，很容易发生感染，治疗难度较大。在跆拳道运动中，发生的多为闭合性骨折。闭合性骨折是严重的运动损伤。

发生骨折后，应该用夹板和绷带将骨折部位临时固定，让受伤部位不再活动。这是骨折的急救方法，能够减轻疼痛，便于转送。如果为开放性骨折，应先止血，包扎伤口后，再固定骨折部位。如果出现休克，应先处理休克，后处理骨折。治疗方法是把骨折部位复合到原状态后固定两边关节。可先用木板固定，做应急治疗，同时应及时送往医院或及时拨打120救护。

固定前不得移动伤肢，可剪开衣服、鞋袜，不能脱。对大腿、小腿和脊柱骨折，应就地固定。临时固定时，应采用有一定牢固性的夹板，夹板的长度必须超过骨折部位的上下两个关节；夹板与肢体接触处，最好有垫衬物，空隙处要填紧，以免产生压迫性损伤；固定时用绷带或布条包裹，固定松紧应合适、牢靠，过紧会压迫神经、血管，使血管血脉不畅。

四、关节脱位急救

①肩关节脱位。将一条三角巾的顶角向底边对折，然后再对折一次成为宽带，用于悬挂前臂，悬臂带斜跨胸背部，在未受伤的肩部缚结。取另一条三角巾，以同样的折叠方式折成宽带，绕过伤臂，在对侧腋下缚结。

②肘关节脱位。让伤员的肘关节弯曲，将三角巾的顶角放在上臂后面，然后将其余两个底角在前臂前交叉，绕至上臂原形面缚结，将顶角塞入结内。

③腕关节脱位。将三角巾的顶角和底边对折成为宽带，将宽带的中部放在腋下，两端在肩上交叉，绕过胸背部，在侧腋下缚结。为了避免缚结处压迫腋下组织，可在腋下垫棉花等松软物品。

五、出血急救

血液从破裂的血管流出，称为出血。按破裂血管的类别将出血分为动脉出血、静脉出血和毛细血管出血。动脉出血呈喷射状间歇式流出，速度快，出血量多，危险性大；静脉出血速度较慢，危险性比动脉出血要小；毛细血管出血常自行凝固，基本没有危险。面对出血的伤员，特别是大动脉出血的，必须立即止血。止血的方法有很多，在现场没有医疗器械和药物的情况下，可采用的急救方法包括冷敷法、抬高伤肢法和压迫止血法等。

①冷敷法。冷敷法一般用冷水或冰袋敷在损伤部位。冷敷能够降低损伤部位组织的温度，让血管收缩，以减少局部充血，减轻局部肿胀，还能够压抑神经兴奋，以达到止痛、止血的效果。冷敷法通常用于闭合性软组织损伤，应在损伤后立即采用。冷敷法与下述两种方法同时施用，效果更佳。

②抬高伤肢法。抬高伤肢法通常用在四肢出血时，通过抬高上肢，让损伤处的血压降低，减少血流量，从而减少出血量。该种方法一般与绷带加压包扎并用，对小血管出血具有显著效果，即适用于四肢毛细血管和小静脉出血，对较大血管出血只能起到辅助效果。

③压迫止血法。压迫止血法分为直接压迫伤口止血与压迫止血点止血两种。直接压迫伤口止血法应先在伤口上敷无菌敷料，然后用绷带稍加压力缠裹伤口，适用于静脉、小动脉以及毛细血管出血。直接压迫伤口止血法还可用指压止血，即用指腹或掌根直接压迫伤口。这种方法简便易操作，但未在无菌环境下操作，容易引起伤口感染。压迫止血点止血法是用指腹压在出血动脉近心端相应的骨面上，能够暂时止住该动脉管的血流。这种方法简便易行，效果明显。

六、晕厥急救

晕厥是由于脑部供血不足而引起的暂时性知觉丧失现象。伤员在晕厥前，会感到全身软弱，头晕耳鸣，眼前发黑；晕厥后，血压降低，面色苍白，手脚发凉，脉搏缓弱。轻度晕厥后会昏倒片刻，待脑贫血消除后会清醒过来，清醒后仍有头晕症状。出现晕厥时应急处理方法如下。

让病员平卧，头部放低，脚部稍微抬高，松解衣领，但要注意保暖，可从小腿到大腿做重推摩和全手揉捏，还可针刺或点掐人中、足三里、合谷、内关等穴位。在病人尚未恢复知觉前，不能给任何药或饮料。如果病员出现呕吐，应立即将其头偏向一侧；如果病员呼吸停止，应立即进行人工呼吸。病员清醒后可给热饮料，并注意休息。在开展急救的同时，应立即送往医院。

训练中出现运动性休克,主要是大强度训练或长时间训练,使大量的血液聚集下肢,回心血量减少,脑供血不足所致。训练中出现休克现象后,应让伤员处于正确体位,将头与躯干抬高10厘米,下肢抬高20厘米,提高回心血量,改善脑部血流与缺氧情况。注意伤员的保暖工作,避免受凉,导致伤情恶化。伤者被击中颈部动脉,会导致呼吸困难,气体交换不良,缺氧和二氧化碳堆积,将会使伤者的休克现象恶化。应及时检查伤员的口腔内是否有异物,并观察其呼吸、脉搏和瞳孔等方面的情况,检查是否伴有脑震荡,无则立即进行人工呼吸,使之恢复常态或立即送入医院诊治。处理此类伤情,需要经验丰富的医生视情况及时处置,不可大意或延误时间。

七、其他情况的急救

(一)流鼻血

鼻子流血是比赛中常见的情况。一般情况是鼻子受到间接或直接打击,血管破裂而造成的。但有时候无外物打击也会突然发生。发生流鼻血的情况要先让选手安心,然后让患者坐正,用冷水浸湿的毛巾擦脸、头、颈部后面,然后用沾有1‰浓度的肾上腺素溶液的药棉放入选手的鼻腔内或按住穴道插入药棉10分钟后拿出。

(二)脱水及丢失盐分

长时间的练习和比赛会使身体产生脱水现象,同时也会导致盐分不足,破坏体液的均衡及血液浓度,这时会带来不愉快、痉挛、虚脱、劳损、失眠、发烧等症状,以及体力减退。脱水和盐分损失时喝0.25%～1%的食盐水即可恢复,平时注意吸收充分的盐分和水分会有一定的预防作用。

(三)足关节扭伤

足关节扭伤是关节过度运动时发生的,虽不是脱白和骨折,但是组成关节的软组织(滑膜、关节韧带、软骨)发生损伤的称为扭伤。扭伤时,皮下出血关节浮肿并有疼痛。

跆拳道运动中很容易发生足关节扭伤。在对练过程中用脚旋踢或步法移动时,体重突然加压到足关节时容易引起此症状。这时要互相比较两脚的形状、关节位置、灵活度等因素。如果浮肿、变形以及受伤部位有摩擦音,有可能是骨折或脱臼,要马上求医。治疗方法为立即中断运动,在脚趾和脚踝处用弹力

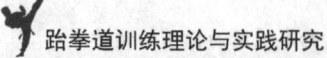

绷带绑 20 厘米，吊高脚部进行冷敷。足关节较弱容易受伤的人，练习时要绑绷带或贴上胶布进行训练。

（四）急性腰部损伤

运动员在训练中出现急性腰部损伤后应马上进行休息，仰卧在有垫子的木板床上，腰后垫一个薄枕，以放松肌肉，还可以与仰望位相交替，以免受伤部位受到牵扯，加快恢复。轻度腰部损伤者休息 2～3 天即可恢复，重度腰部损伤者应该及时送往医院治疗。

参考文献

[1] 孙茂君. 跆拳道 [M]. 南京：江苏科学技术出版社，2018.

[2] 张岩. 高校跆拳道竞技教程 [M]. 北京：旅游教育出版社，2017.

[3] 饶英. 跆拳道理论与实践研究 [M]. 北京：人民日报出版社，2017.

[4] 潘瑞成. 跆拳道运动文化与技能教学研究 [M]. 北京：中国书籍出版社，2018.

[5] 杨龙，金基洞. 跆拳道快速入门与实战技术 [M]. 成都：成都时代出版社，2014.

[6] 曾于久. 竞技跆拳道训练 [M]. 北京：人民体育出版社，2014.

[7] 王大庆. 跆拳道 [M]. 杭州：浙江大学出版社，2016.

[8] 马波. 跆拳道技能训练 [M]. 北京：中国书籍出版社，2016.

[9] 李兵. 跆拳道 [M]. 重庆：西南师范大学出版社，2013.

[10] 李万友. 现代跆拳道实用教程 [M]. 北京：北京理工大学出版社，2013.

[11] 盛文林. 跆拳道：脚上的艺术 [M]. 北京：台海出版社，2014.

[12] 王东，李颖，孙波. 大学跆拳道 [M]. 大连：大连海事大学出版社，2013.

[13] 陈占奎，张秀兵. 跆拳道入门与提高 [M]. 北京：金盾出版社，2012.

[14] 张岩. 高校跆拳道品势教程 [M]. 北京：旅游教育出版社，2015.

[15] 唐涌. 跆拳道教学中身体功能训练的研究 [J]. 运动，2018（06）.

[16] 张丽. 跆拳道教学中的柔韧素质训练研究 [J]. 当代体育科技，2018（31）.

[17] 刘承玉. 跆拳道技战术的变化对体能训练产生的新要求 [J]. 当代体育科技，2018（17）.

[18] 李永波. 跆拳道运动员的力量特点与训练方法研究 [J]. 体育科技文献通报, 2018（11）.

[19] 施飞洋. 跆拳道运动中膝关节损伤的原因分析与预防策略 [J]. 当代体育科技, 2018（35）.